WENN DER KLEINE
SONNENSCHEIN
ZUM QUÄLGEIST WIRD

© Mango, 2017

Originaltitel: *Petit décodeur illustré de l`enfant en crise. Quand la crise nous fait grandir*
ISBN der Originalausgabe: 978-2-3170-1806-0

Leitung: Guillaume Pô
Redaktionsleitung: Tatiana Delesalle
Redaktionsausgabe: Julie Cot
Redaktionelle Nachbereitung: Ségolène Estrangin (atelier-du-livre.fr)
Künstlerische Leitung: Chloé Eve
Gestaltung: Caroline Joubert (atelier-du-livre.fr)
Illustrationen: Lynda Corazza

© 2018 für diese deutsche Ausgabe: Ullmann Medien GmbH
Birkenstraße 10, D-14469 Potsdam

ISBN 978-3-7415-2328-1

Übersetzung aus dem Französischen: Frederik Kugler
Redaktion und Satz: writehouse, Katrin Höller
Gesamtherstellung: Ullmann Medien GmbH, Potsdam

ANNE-CLAIRE KLEINDIENST   LYNDA CORAZZA

WENN DER KLEINE
SONNENSCHEIN
ZUM QUÄLGEIST WIRD

h.f.ullmann

INHALT

IHR KIND WILL NICHT 10

Ihr Kind will sich nicht anziehen 18
Ihr Kind will nicht zur Schule 20
Ihr Kind will nicht essen kommen 22
Ihr Kind will nicht essen 26
Ihr Kind will nicht helfen 30
Ihr Kind will sein Zimmer nicht aufräumen 34
Ihr Kind will keine Hausaufgaben machen 38
Ihr Kind will nicht arbeiten 42
Ihr Kind will nicht schlafen 46

IHR KIND RASTET STÄNDIG AUS 50

Ihr Kind akzeptiert kein „Nein". 60
Ihr Kind macht Dinge kaputt 62
Ihr Kind rastet im Geschäft aus 66
Ihr Kind rastet im Restaurant aus 70
Ihr Kind kann nicht ohne Smartphone, Tablet & Co. 72
Ihr Kind rastet im Auto aus 76

IHR KIND HÄLT SICH FÜR EINEN LOSER 78

Ihr Kind hält sich für eine Null in der Schule 90
Ihr Kind möchte alles auf Anhieb schaffen 94
Ihr Kind versucht es gar nicht erst 96
Ihr Kind ist ein schlechter Verlierer 98
Ihr Kind hat eine negative Einstellung 102
Ihr Kind lügt, um nicht dumm dazustehen 104
Ihr Kind prahlt, um sich besser zu fühlen 108

IHR KIND NIMMT ZU VIEL RAUM EIN 110

Ihr Kind will sich unbedingt durchsetzen 122
Ihr Kind provoziert, ist frech 124
Ihr Kind ist zu laut 126
Ihr Kind fällt allen ins Wort 128
Ihr Kind hört einfach nicht zu 130
Ihr Kind weckt das ganze Haus auf 134
Ihr Kind sucht ständig Streit 136

IHR KIND HAT SCHWIERIGKEITEN MIT ANDEREN 142

Ihr Kind hat keine Freunde 154
Ihr Kind streitet sich ständig 156
Ihr Kind wird nicht zum Geburtstag eingeladen 158
Ihr Kind mobbt/wird gemobbt 160
Ihr Kind ist aggressiv 162
Ihr Kind scheint schlecht erzogen 164

ZEHN RATSCHLÄGE FÜR EINE GELUNGENE ERZIEHUNG 166

1. Sehen Sie genau hin
   und schenken Sie Ihrem Kind Aufmerksamkeit 169
2. Tauchen Sie in die Welt Ihres Kindes ein
   und arbeiten Sie an Ihrer Bindung 171
3. Fördern Sie Ihr Kind, indem Sie
   auf seinen Fähigkeiten aufbauen 174
4. Ermutigen Sie Ihr Kind in seiner Entwicklung 176
5. Finden Sie heraus, welche Bedürfnisse hinter
   dem unerwünschten Verhalten Ihres Kindes stecken 178
6. Stärken Sie durch Selbstregulation
   Ihre emotionale Intelligenz und die Ihres Kindes 180
7. Passen Sie Ihre Erziehung flexibel
   an die Entwicklung Ihres Kindes an 182
8. Arbeiten Sie an Ihren sozio-emotionalen Kompetenzen 184
9. Lassen Sie die Verbindung zu Ihrem Kind nicht abreißen 186
10. Überstürzen Sie nichts und
    konzentrieren Sie sich auf die wichtigen Dinge 187
Fazit 189

Dieses Buch verdankt seine Entstehung der Begegnung einer Mutter von vier Kindern, die später Psychologin wurde, mit einer Illustratorin, die später Mutter von zwei Kindern wurde. Zwei unterschiedliche Lebenswege, die jedoch eines gemeinsam haben: ein leidenschaftliches Interesse an Menschen sowie den innigen Wunsch, bestmöglich auf die Bedürfnisse von Kindern einzugehen.

Das Herzstück dieses Buches, gewissermaßen sein Rückgrat, ist die Methode der „Positiven Disziplin", die in den 1970er-Jahren in den USA von Jane Nelsen und Lynn Lott entwickelt wurde und auf den Erkenntnissen von Alfred Adler und später von Rudolf Dreikurs beruht, zwei österreichischen Psychiatern, die in die Vereinigten Staaten ausgewandert waren. Die Methode entwickelte sich in den folgenden 30 Jahren hauptsächlich in den USA weiter und wurde ab 2011 in Frankreich von Béatrice Sabaté vorangetrieben, die erste Fortbildungen anbot und sich um die Gründung der Association Discipline positive in Frankreich verdient machte. Seitdem hat sich die Methode nicht nur in Frankreich, sondern weltweit beständig weiterentwickelt und bietet Eltern wie Erziehern zahlreiche Lösungswege an.

Anne-Claire ist Klinische Psychologin und zertifizierte „Positive-Disziplin" (PD)-Beraterin. Neben Beratungen in ihrer Praxis bietet sie Elternwerkstätten sowie Workshops an Schulen an, in denen sie die Methode lehrt. Ferner in Hypno- und Spieltherapie ausgebildet, wirft sie in diesem Buch einen ganzheitlichen und integrativen Blick auf den Menschen und erklärt ausgehend von ihren Erfahrungen, wie man Bindungen nachhaltig festigt.

Lynda ist Illustratorin und begeistert sich für Psychologie. Sie besucht eine von Anne-Claire geleitete Elternwerkstatt und lernt dort, differenziert auf die Besonderheiten ihrer beiden Kinder einzugehen (ADHS mit Hochbegabung). Ihr Wissen möchte sie mit Eltern teilen, die wie sie Probleme im Umgang mit ihrem/n schwierigen Kind/ern haben, in der Hoffnung, ihnen konkrete Lösungsansätze zu liefern, die ihnen dabei helfen, ihren Alltag zu meistern und bestmöglich auf die kleinen und großen Ausraster ihrer Sprösslinge zu reagieren.

Als die ersten Probleme mit ihren Kindern auftraten, hätte sie sich ein Buch wie dieses gewünscht, das Eltern am Rande des Nervenzusammenbruchs im Alltag unterstützt. Sich mit Anne-Claire zusammenzutun, um dieses Buch zu schreiben, war daher eine logische Konsequenz.

Anne-Claire und Lynda präsentieren in diesem Werk die Ergebnisse all ihrer Untersuchungen, Entdeckungen, Abstürze und Höhenflüge und veranschaulichen, wie man Krisen überwindet und als Familie gestärkt aus ihnen hervorgeht. Die Umsetzung ist bildhaft, lebendig und bietet selbst jenen einen leichten Zugang, die sich nicht unbedingt in „textlastige" Bücher vertiefen würden.

So ist das Buch aufgebaut: Die ersten fünf Kapitel tragen zum Verständnis bei und geben Maßnahmen an die Hand, um eine Reihe konkreter Probleme anzugehen. So können Sie das Buch sowohl von der ersten bis zur letzten Seite durcharbeiten als auch lediglich einzelne Kapitel lesen, die Sie interessieren, ohne zuvor den gesamten Inhalt erfassen zu müssen. Das sechste Kapitel, das sich ein wenig von den anderen unterscheidet, lädt dazu ein, einen Schritt weiterzugehen, die Elternrolle nachhaltig anzulegen und einige grundsätzliche Themen zu überdenken, die für eine aufbauende, konsequente Erziehung wichtig sind.

Eine Zauberformel gibt es allerdings nicht; die hier genannten Werkzeuge sind nicht dazu gedacht, eins zu eins umgesetzt, sondern kreativ interpretiert zu werden. Auch ist das Buch keine „Maßanfertigung", denn die Elternrolle ist vielgestaltig und passt sich den Umständen und Bedürfnissen eines jeden Kindes flexibel an. Manche werden jetzt sagen, dass eine solche Erziehung Zeit kostet und dass Zeit unendlich knapp bemessen ist, dass man das nur schaffen kann, wenn man nicht gestresst ist usw.

Unsere Arbeit als Eltern beginnt mit dem Eingeständnis, dass wir unsere Grenzen haben, um uns auf das zu konzentrieren, was wir für richtig halten, indem wir auf dem aufbauen, was da ist. Das macht auch Sinn, schließlich beginnt man eine Wanderung auch nicht mit der letzten Etappe. Doch unsere Gedanken eilen immer gern voraus und ihren Wunschvorstellungen entgegen, sodass es manchmal schwerfällt, einen Schritt nach dem anderen zu machen. Am liebsten würden wir direkt zum Ziel gelangen!

Aus diesem Grund ist das Buch wie ein Mosaik angelegt, mit konkreten Bezügen zur Realität und zum Alltag, damit Sie sich gezielt diese oder jene Maßnahme herauspicken und Probleme direkt angehen oder aber auf das große Ganze konzentrieren können, und zwar wie Sie Ihre familiären Bindungen auf lange Sicht verbessern und nachhaltig gestalten.

Viel Spaß beim Lesen und viel Erfolg auf dem ebenso schwierigen wie wunderbaren Weg zur gelungenen Elternschaft!

Wir danken unseren Kindern, an denen wir mit jedem Tag wachsen und ohne die es dieses Buch nicht geben würde: Livio, Mattéo und Adèle, Lorraine, Théophile, Octave.

Unseren Ehemännern für ihre Geduld und Unterstützung bei unseren nicht enden wollenden Nachforschungen und Erkundungen.

Julie, Chloé, Caroline und Ségolène, die an dieses Projekt geglaubt und uns den Rücken gestärkt haben.

Den Supermüttern der „geheimen Gruppe" und des Forums „HyperSuper-TDAH", die dieses Buch mit ihrem Wissen bereichert haben.

Émilie, Béatrice und Catherine für ihr aufbauendes Lektorat.

Aline für ihr besonderes Engagement bei diesem Projekt.

Unseren Eltern sowie allen Eltern, die dabei sind, ihre Kinder zu erziehen und die Welt von morgen mitzugestalten.

AC und L

GELEITWORT

Dieses Buch lädt spielerisch und kreativ dazu ein, familiäre Bindungen zu stärken und zu einem friedlichen Zusammenleben zu finden.

Die eigene erzieherische Haltung in eine strenge, aber wohlwollende Führung umzuwandeln, setzt eine Form der Auseinandersetzung voraus, die nicht um jeden Preis auf familiäre Harmonie abzielt, sondern zuallererst auf eine gut funktionierende Bindung. Ist es nicht verlockend, liebe Eltern und Kinder, gemeinsam zur besten Version seiner selbst zu finden?

Anne-Claire und Lynda erklären humorvoll, intelligent und vor allem mit gesundem Menschenverstand, wie man diese Herausforderung annimmt und seine Frustration und seine Schwierigkeiten als Eltern kreativ interpretiert. Das ist verlockend und erschreckend zugleich, da wir unsere Gewohnheiten über Bord werfen müssen, aber auch unabdingbar, wenn wir unseren Kindern den Weg weisen wollen.

Den geistigen Hintergrund liefert die Methode der Positiven Disziplin von Jane Nelsen, vor dem sich die manchmal absurden Szenen des Alltags sowie Forschungs- und Lösungsansätze abheben. Diese lassen sich präzise und einfach umsetzen, sind dabei aber weder eindimensional noch suggerieren sie maßgeschneiderte Lösungen, die viel versprechen und wenig halten. Stattdessen bieten die Autorinnen eine Palette an Möglichkeiten an, fordern uns zum Nachdenken auf und laden ein, zu der Form von Familie zu finden, die zu uns passt.

Ein weiterer wichtiger Baustein sind die Prinzipien der Kooperation des Psychiaters Alfred Adler, die uns darin bestärken, dass mit ein bisschen Kreativität jeder ein Gefühl der Zugehörigkeit entwickeln kann und zu einem guten familiären und sozialen Miteinander imstande ist.

Heute mehr denn je ist die Elternrolle ein wahres Abenteuer. Vielen Dank für dieses pragmatische, lustige Handbuch, das uns Flügel verleiht auf unserem Weg zu einer sinnstiftenden Elternschaft.

Béatrice Sabaté

Was Ihr Kind eigentlich sagen will, ist:

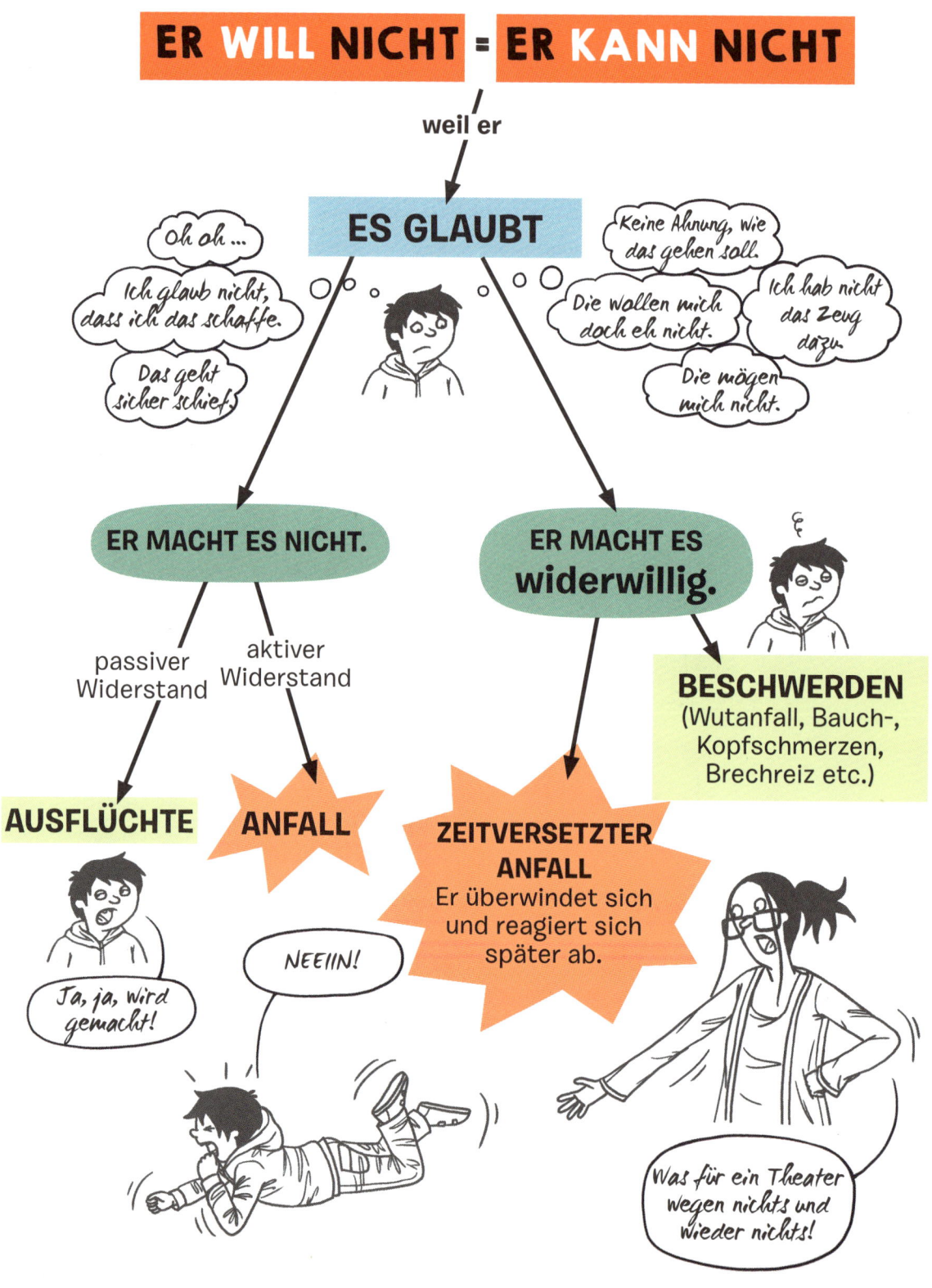

Zunächst einmal ist es wichtig, dass wir
ZUHÖREN, ZUSTIMMEN, VERSTEHEN.
Es ist nicht notwendig, auf der Stelle herauszufinden,
weshalb Ihr Kind etwas nicht machen will.

Als Eltern ist es unsere Aufgabe, zu gegebener Zeit auf unser Kind
zuzugehen, die Gründe für seine Blockade herauszufinden und vor allen
Dingen gemeinsam nach LÖSUNGEN zu suchen, die auch beim
nächsten Mal Hilfe versprechen.

Und so setzen wir das im Alltag um ...

Statt sich in einen Nahkampf zu begeben ...

Lassen wir unser Kind entscheiden, indem wir ihm mit Nachdruck eine begrenzte Auswahl anbieten.

Kleidung

Zeitpunkt

Hilfe

Das Anziehen ist nicht verhandelbar!!

aber

Du darfst zwischen diesen zwei T-Shirts wählen.

oder

Du darfst dich vor oder nach dem Frühstück anziehen.

oder

Willst du dich alleine anziehen oder soll ich dir helfen?

Bleibt die Situation angespannt, können wir uns auch anders behelfen.

Ich will mich nicht anziehen!

Na gut, ich kann dich nicht zwingen, aber du musst mir schon helfen ...

Stört dich etwas? Kratzt der Stoff vielleicht?

Zeig mal, was genau dich stört.

Und was machen wir jetzt?

Liegt es wirklich an den Klamotten oder drückt der Schuh woanders?

Etikett abschneiden, Kleidung wechseln

Die Hinweise des Kindes beim Helfen berücksichtigen

Das Kind schrittweise anleiten („Jetzt kannst du das T-Shirt anziehen!")

Versuchen zu verstehen, was vorher passiert ist

Statt es mit Gewalt hinzuschleppen, weil wir keine Zeit haben ...

Machen wir ihm klar, dass wir seine Verzweiflung zwar sehen können, aber auf seine Hilfe angewiesen sind, um zu verstehen, was in ihm vorgeht ...

Je nachdem, wie stark uns die Blockade nach diesem Austausch noch erscheint, heißt es:

1 OK

→

SCHULE
und weiter auf das Kind eingehen.

2 nicht ganz OK

→

SCHULE
und den Lehrer sachlich über die Gefühle des Kindes informieren (vor dem Unterricht, per Zettel etc.).

3 gar nicht OK

→

KEINE SCHULE
aber nur ausnahmsweise und bis sich das Kind besser fühlt.

LÖSUNGSSUCHE
Am Abend, mit dem Kind, und ganz in Ruhe, damit der Weg zur Schule wieder leichter fällt.

Wenn die Situation sich nicht bessert, sollten sie die Schule informieren und sich professionelle Hilfe suchen (Arzt, Psychologe, Entspannungstherapeut etc.), um das Problem in den Griff zu bekommen.

Statt sich immer wieder die Seele aus dem Leib zu schreien ...

... brechen wir mit dem alten Schema und gehen zu ihm, um

1 es zu berühren und so eine Verbindung herzustellen.

2 sicherzugehen, dass es verstanden hat.

3 ihm den Ortswechsel zu erleichtern.

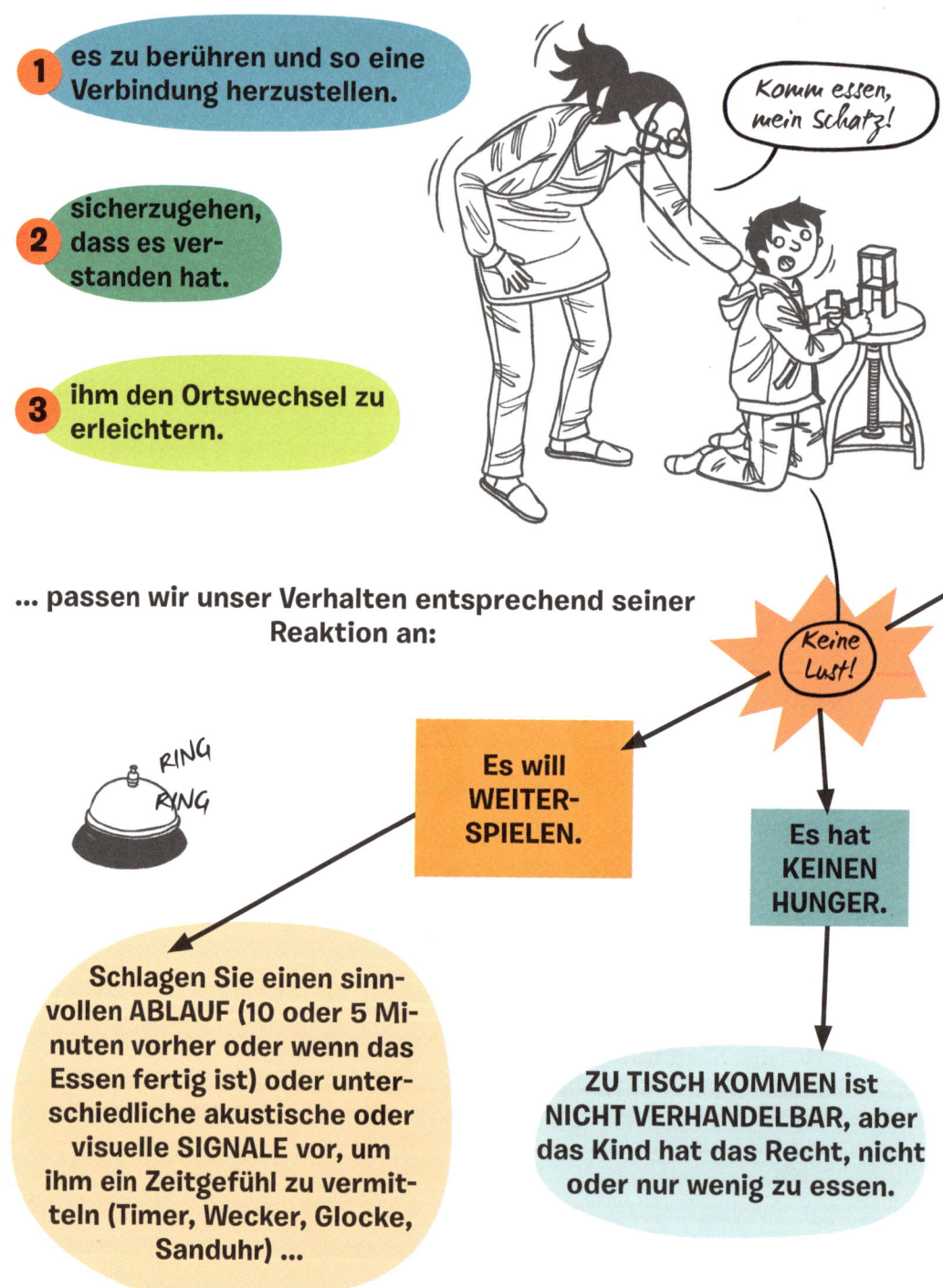

Komm essen, mein Schatz!

... passen wir unser Verhalten entsprechend seiner Reaktion an:

Keine Lust!

RING RING

Es will **WEITER- SPIELEN.**

Es hat **KEINEN HUNGER.**

Schlagen Sie einen sinnvollen ABLAUF (10 oder 5 Minuten vorher oder wenn das Essen fertig ist) oder unterschiedliche akustische oder visuelle SIGNALE vor, um ihm ein Zeitgefühl zu vermitteln (Timer, Wecker, Glocke, Sanduhr) ...

ZU TISCH KOMMEN ist NICHT VERHANDELBAR, aber das Kind hat das Recht, nicht oder nur wenig zu essen.

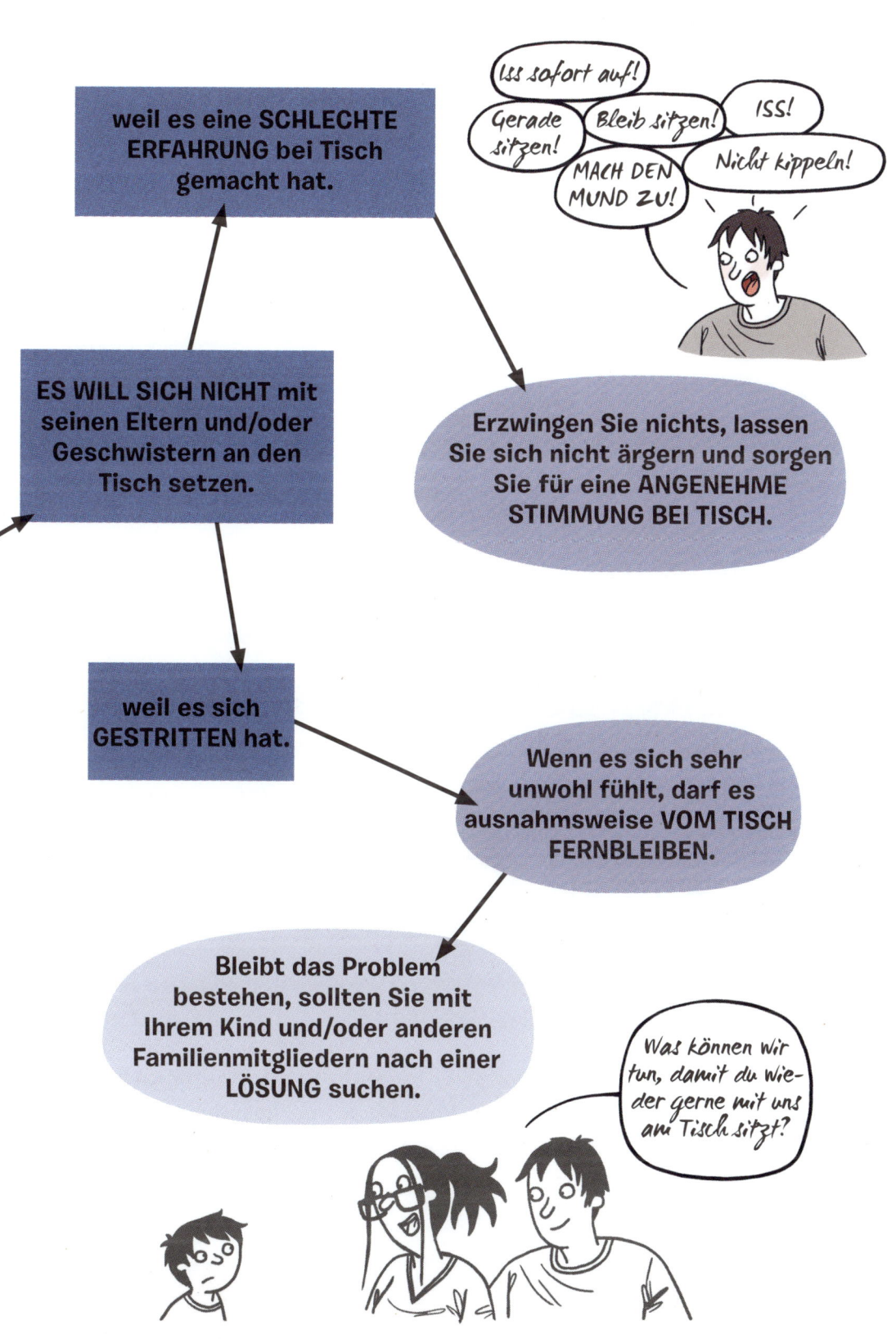

weil es eine SCHLECHTE ERFAHRUNG bei Tisch gemacht hat.

Iss sofort auf!

Gerade sitzen!

Bleib sitzen!

ISS!

MACH DEN MUND ZU!

Nicht kippeln!

ES WILL SICH NICHT mit seinen Eltern und/oder Geschwistern an den Tisch setzen.

Erzwingen Sie nichts, lassen Sie sich nicht ärgern und sorgen Sie für eine ANGENEHME STIMMUNG BEI TISCH.

weil es sich GESTRITTEN hat.

Wenn es sich sehr unwohl fühlt, darf es ausnahmsweise VOM TISCH FERNBLEIBEN.

Bleibt das Problem bestehen, sollten Sie mit Ihrem Kind und/oder anderen Familienmitgliedern nach einer LÖSUNG suchen.

Was können wir tun, damit du wieder gerne mit uns am Tisch sitzt?

Statt mit unseren Vorschriften jede Mahlzeit in ein Schlachtfeld zu verwandeln ...

... überlegen wir, weshalb das Kind das Essen verweigert, um besser reagieren zu können.

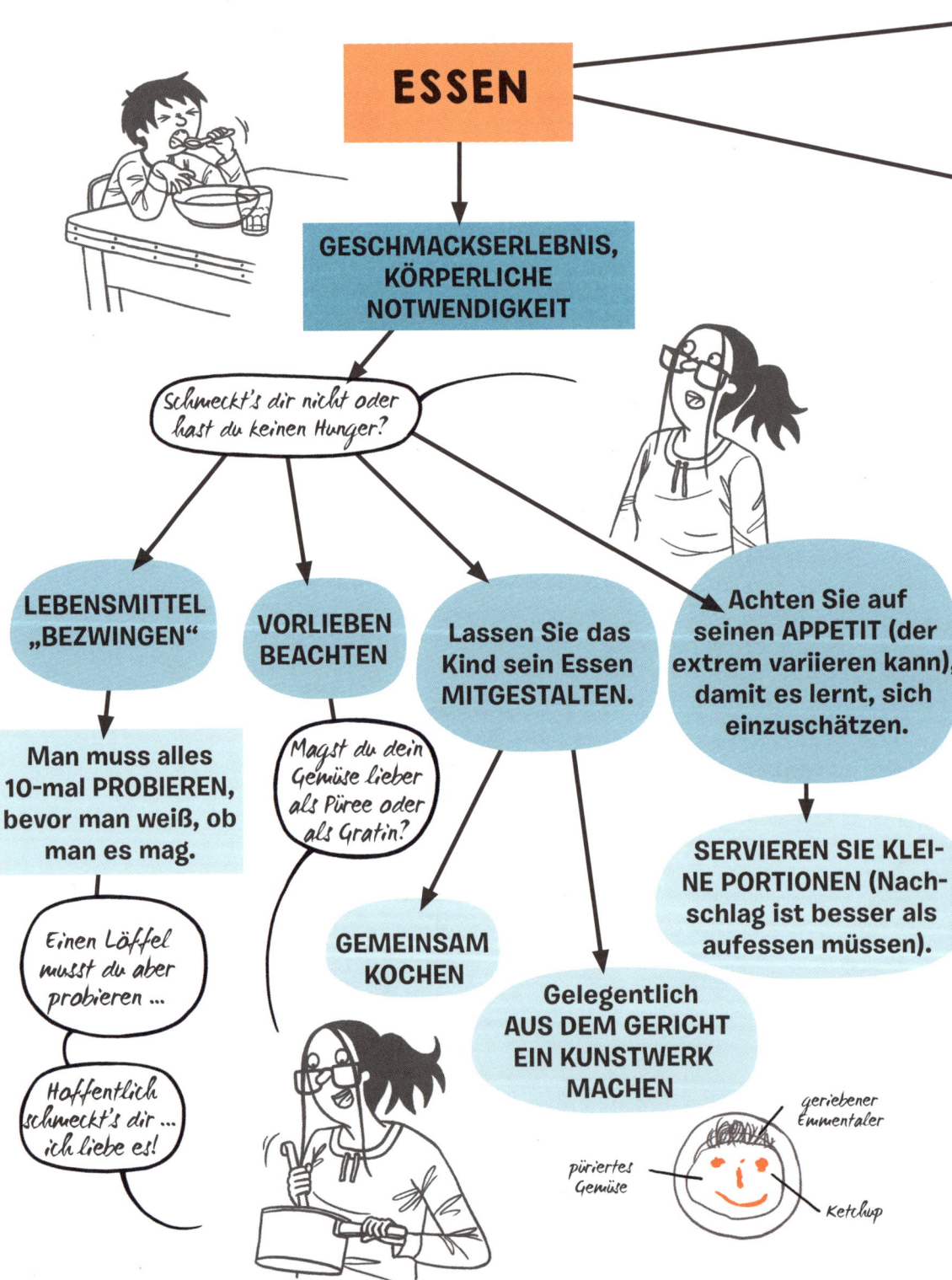

ESSEN

GESCHMACKSERLEBNIS, KÖRPERLICHE NOTWENDIGKEIT

Schmeckt's dir nicht oder hast du keinen Hunger?

LEBENSMITTEL „BEZWINGEN"

VORLIEBEN BEACHTEN

Lassen Sie das Kind sein Essen **MITGESTALTEN.**

Achten Sie auf seinen **APPETIT** (der extrem variieren kann), damit es lernt, sich einzuschätzen.

Man muss alles 10-mal **PROBIEREN,** bevor man weiß, ob man es mag.

Magst du dein Gemüse lieber als Püree oder als Gratin?

SERVIEREN SIE KLEINE PORTIONEN (Nachschlag ist besser als aufessen müssen).

Einen Löffel musst du aber probieren ...

GEMEINSAM KOCHEN

Hoffentlich schmeckt's dir ... ich liebe es!

Gelegentlich **AUS DEM GERICHT EIN KUNSTWERK MACHEN**

geriebener Emmentaler

püriertes Gemüse

Ketchup

KÖRPERLICHES ERINNERN → **Verknüpfung einer unangenehmen körperlichen Reaktion (Erbrechen, Sodbrennen etc.) mit einem Nahrungsmittel** → **Das Nahrungsmittel wieder POSITIV VERKNÜPFEN**

GEISTIGE VERFASSUNG

Selbst Kleinigkeiten können einem den Appetit verderben. Zum Beispiel führen Konflikte mit einem oder beiden Elternteilen zur Essensverweigerung. → **FRAGEN STELLEN, UM ZU VERSTEHEN**

Alles klar bei dir?

Immer im Hinterkopf behalten: Regeln sind dazu da, eingehalten zu werden.

Solltest du gleich wieder Hunger haben, wirst du bis zur nächsten Mahlzeit warten müssen!

Statt entnervt zu warten, dass sich die Sache von selbst regelt ...

… erinnern wir uns daran, dass die Arbeit, auch wenn es Spannenderes gibt, als im Haushalt zu helfen, trotzdem getan werden muss und jeden etwas angeht.

ZU HAUSE HELFEN IST WICHTIG

für das ZUSAMMEN-LEBEN.

um Eltern MEHR FREIZEIT zu verschaffen, die sie mit ihren Kindern verbringen können.

um KOMPETENZEN zu entwickeln, die das Kind brauchen wird, wenn es das Nest verlässt.

Kindern ist nicht wirklich bewusst, was alles zur Hausarbeit dazugehört. Helfen Sie ihnen! Nehmen Sie sich die Zeit, um

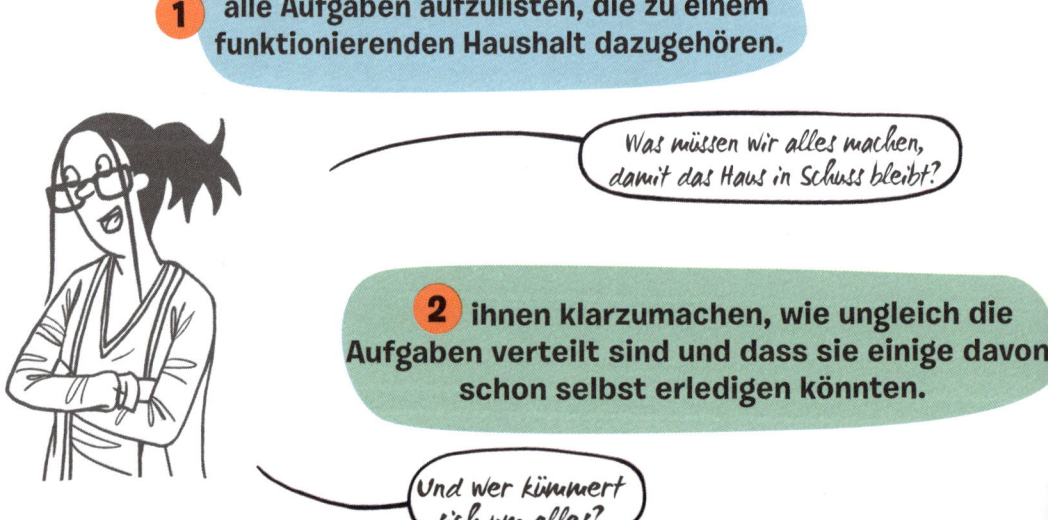

1 alle Aufgaben aufzulisten, die zu einem funktionierenden Haushalt dazugehören.

Was müssen wir alles machen, damit das Haus in Schuss bleibt?

2 ihnen klarzumachen, wie ungleich die Aufgaben verteilt sind und dass sie einige davon schon selbst erledigen könnten.

Und wer kümmert sich um alles?

3 gemeinsam zu überlegen, wie man die Aufgaben gerechter verteilen könnte.

Wie könnten wir den Plan gerechter machen?

Wer macht was?

Ihre Mission, Agent 007, wird sich nach Erledigung von selbst zerstören!

Spezielle Missionen für Geheimagenten:	Papa	Mama	Schatzi	Mausi
Tisch decken				
Abdecken			X	X
Müll rausbringen			X	X
Betten machen	X			
Bettwäsche wechseln		X		
Aufräumen		X		
Essen machen				
Geschirrspüler ausräumen	X	X	X	
Ablagen wischen	X			
Staubsaugen	X			
Staub wischen		X		
Feucht durchwischen		X		
Wäsche waschen		X		
Wäsche aufhängen		X		
Bügeln	X	X		
Wäsche falten		X		
Wäsche einräumen		X		
Bad putzen		X		
Fenster putzen	X			
Auto waschen	X			
Blumen gießen				
Einkäufe machen	X	X		
Brot kaufen				
Katze füttern	X			
Katzenstreu wechseln	X			
Rechnungen bezahlen	X			

Mit dieser Übereinkunft kann man, ohne sich zu verausgaben, an die jeweiligen Aufgaben erinnern.

Schatz, der Geschirrspüler, bitte!

Ich komme!

Trotzdem werden Sie sich in Geduld üben und jahrelang immer wieder nachfragen müssen, bis die einzelnen Aufgaben in Fleisch und Blut übergegangen sind ...

Statt Drohungen auszusprechen, denen man sowieso keine Taten folgen lässt ...

... senken wir unsere Ansprüche, vermeiden weitere Kämpfe und konzentrieren uns auf das Wesentliche:

1 Das Zimmer muss begehbar sein und ein Ort für Spaß und Spiel bleiben.

Wichtig ist vor allem, das Aufräumen gemeinsam zu organisieren:

2 Es muss für alles einen Platz geben.

Und nicht vergessen:

Kompetenz beim Aufräumen erwirbt man in jahrelanger Arbeit.

Wie oft aufgeräumt werden muss, variiert von Kind zu Kind.

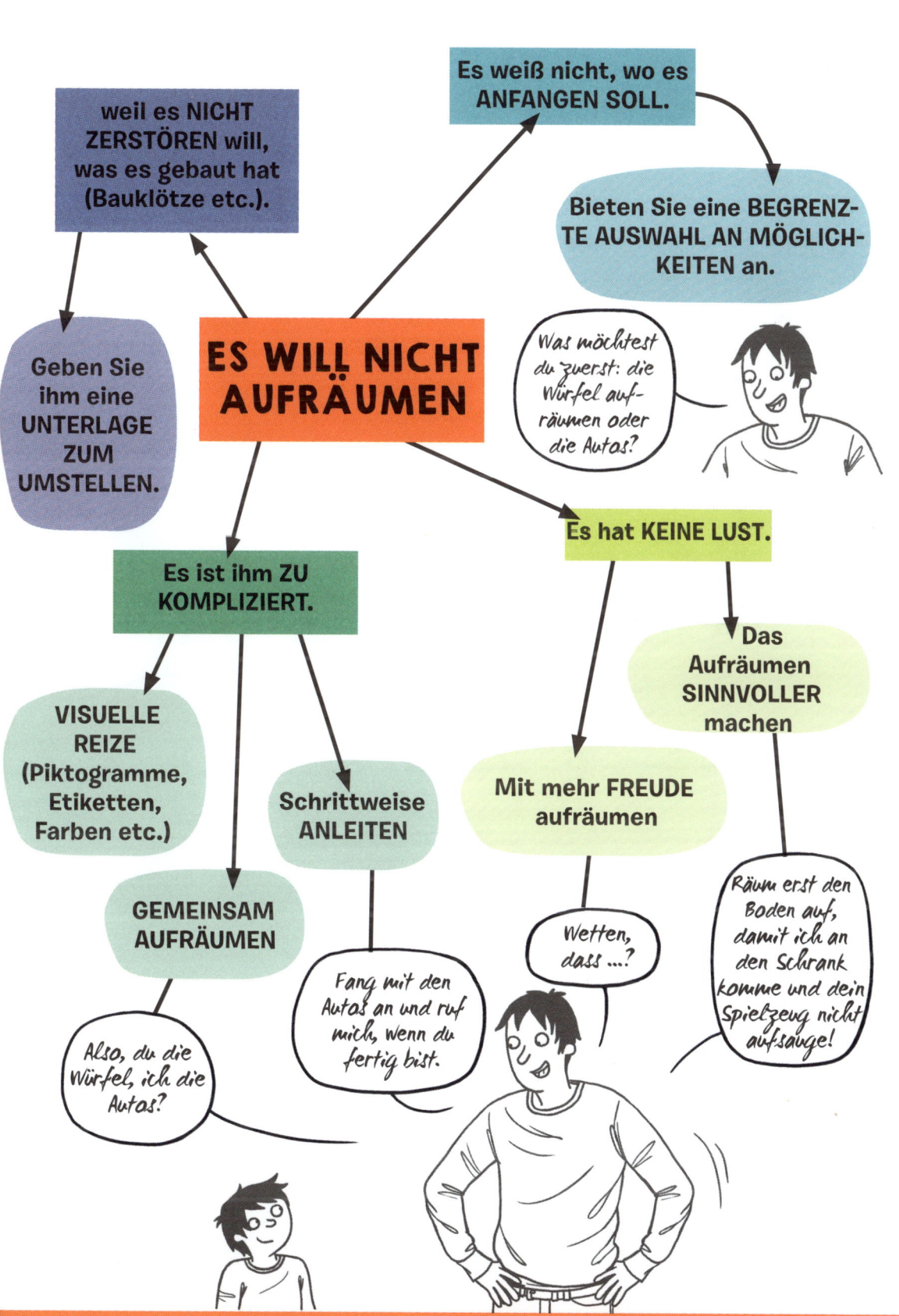

ES WILL NICHT AUFRÄUMEN

weil es NICHT ZERSTÖREN will, was es gebaut hat (Bauklötze etc.).

Geben Sie ihm eine UNTERLAGE ZUM UMSTELLEN.

Es weiß nicht, wo es ANFANGEN SOLL.

Bieten Sie eine BEGRENZTE AUSWAHL AN MÖGLICHKEITEN an.

Was möchtest du zuerst: die Würfel aufräumen oder die Autos?

Es ist ihm ZU KOMPLIZIERT.

VISUELLE REIZE (Piktogramme, Etiketten, Farben etc.)

Schrittweise ANLEITEN

GEMEINSAM AUFRÄUMEN

Also, du die Würfel, ich die Autos?

Fang mit den Autos an und ruf mich, wenn du fertig bist.

Es hat KEINE LUST.

Das Aufräumen SINNVOLLER machen

Mit mehr FREUDE aufräumen

Wetten, dass ...?

Räum erst den Boden auf, damit ich an den Schrank komme und dein Spielzeug nicht aufsauge!

Statt unnötig Zeit verstreichen zu lassen ...

und am Ende auszurasten ...

... finden wir lieber heraus, warum das Kind **PROKRASTINIERT**[*].

Kinder visualisieren gerne die Hausaufgaben, die sich vor ihnen auftürmen, und die Gedanken, die ihnen dabei durch den Kopf gehen, sind nicht unbedingt die schönsten!

Unsere Mission lautet daher:

BERUHIGEN

UNTERSTÜTZEN

BEGLEITEN

[*] Achtung, „prokrastinieren" ist kein Schimpfwort, sondern bedeutet, dass man lieber alles vertagt, statt es direkt zu erledigen!

Es ist nicht damit getan, das Kind an die Hausaufgaben zu setzen – es muss sie auch machen!

Statt zu drohen und immer wieder dieselben Dinge zu sagen ...

* Für Schulkinder. Mit Kindergartenkindern wird gespielt!

... und das Kind obendrein abzuwerten (was leider viel zu oft vorkommt ...)

... schauen wir uns lieber einige der zahlreichen Gründe an, aus denen Hausaufgaben zu verzwickten Angelegenheiten werden.

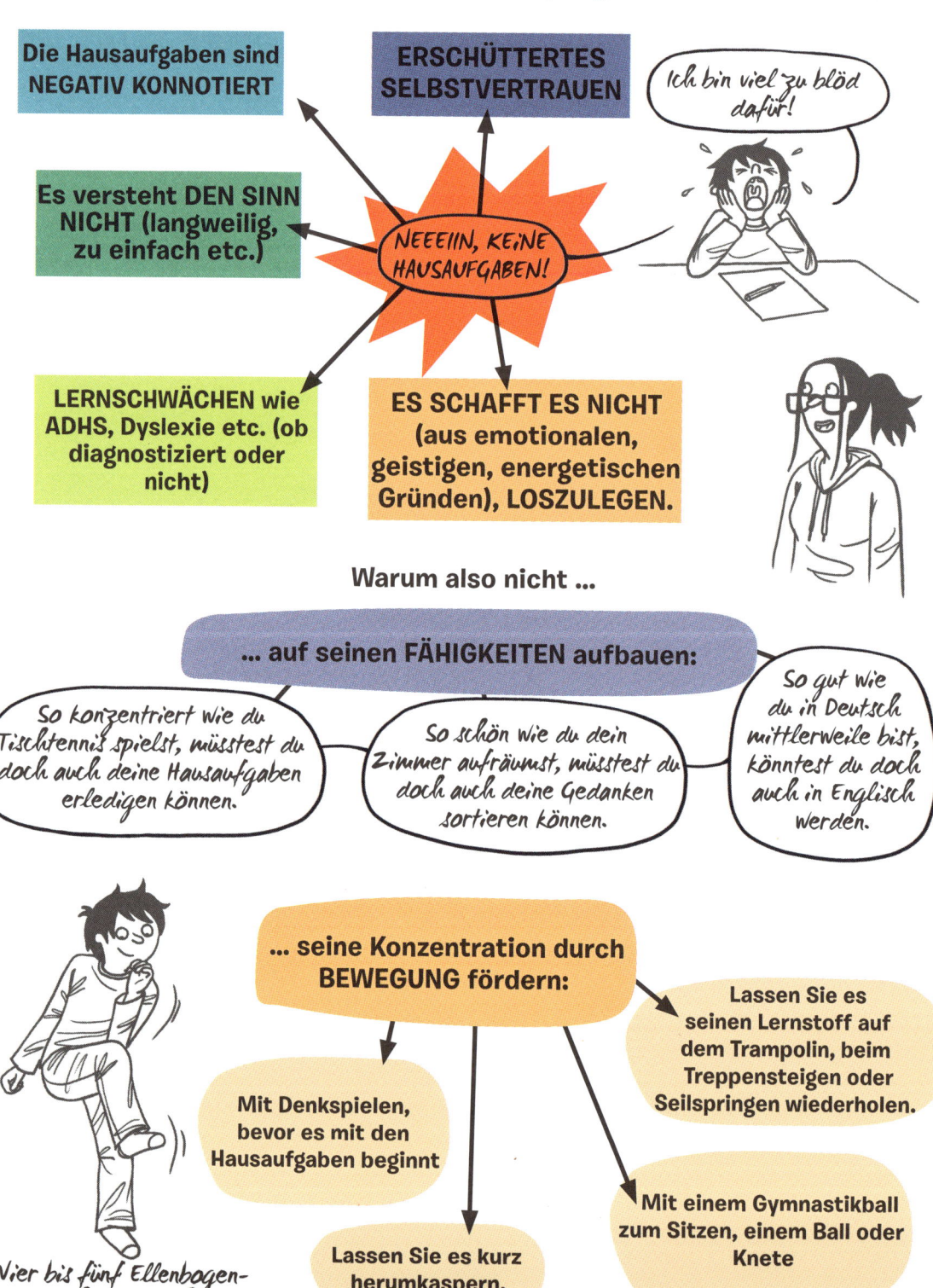

Die Hausaufgaben sind NEGATIV KONNOTIERT

ERSCHÜTTERTES SELBSTVERTRAUEN

Ich bin viel zu blöd dafür!

Es versteht DEN SINN NICHT (langweilig, zu einfach etc.)

NEEEIIN, KEINE HAUSAUFGABEN!

LERNSCHWÄCHEN wie ADHS, Dyslexie etc. (ob diagnostiziert oder nicht)

ES SCHAFFT ES NICHT (aus emotionalen, geistigen, energetischen Gründen), LOSZULEGEN.

Warum also nicht ...

... auf seinen FÄHIGKEITEN aufbauen:

So konzentriert wie du Tischtennis spielst, müsstest du doch auch deine Hausaufgaben erledigen können.

So schön wie du dein Zimmer aufräumst, müsstest du doch auch deine Gedanken sortieren können.

So gut wie du in Deutsch mittlerweile bist, könntest du doch auch in Englisch werden.

... seine Konzentration durch BEWEGUNG fördern:

Lassen Sie es seinen Lernstoff auf dem Trampolin, beim Treppensteigen oder Seilspringen wiederholen.

Mit Denkspielen, bevor es mit den Hausaufgaben beginnt

Mit einem Gymnastikball zum Sitzen, einem Ball oder Knete

Lassen Sie es kurz herumkaspern.

Vier bis fünf Ellenbogen-crunches im Stehen.

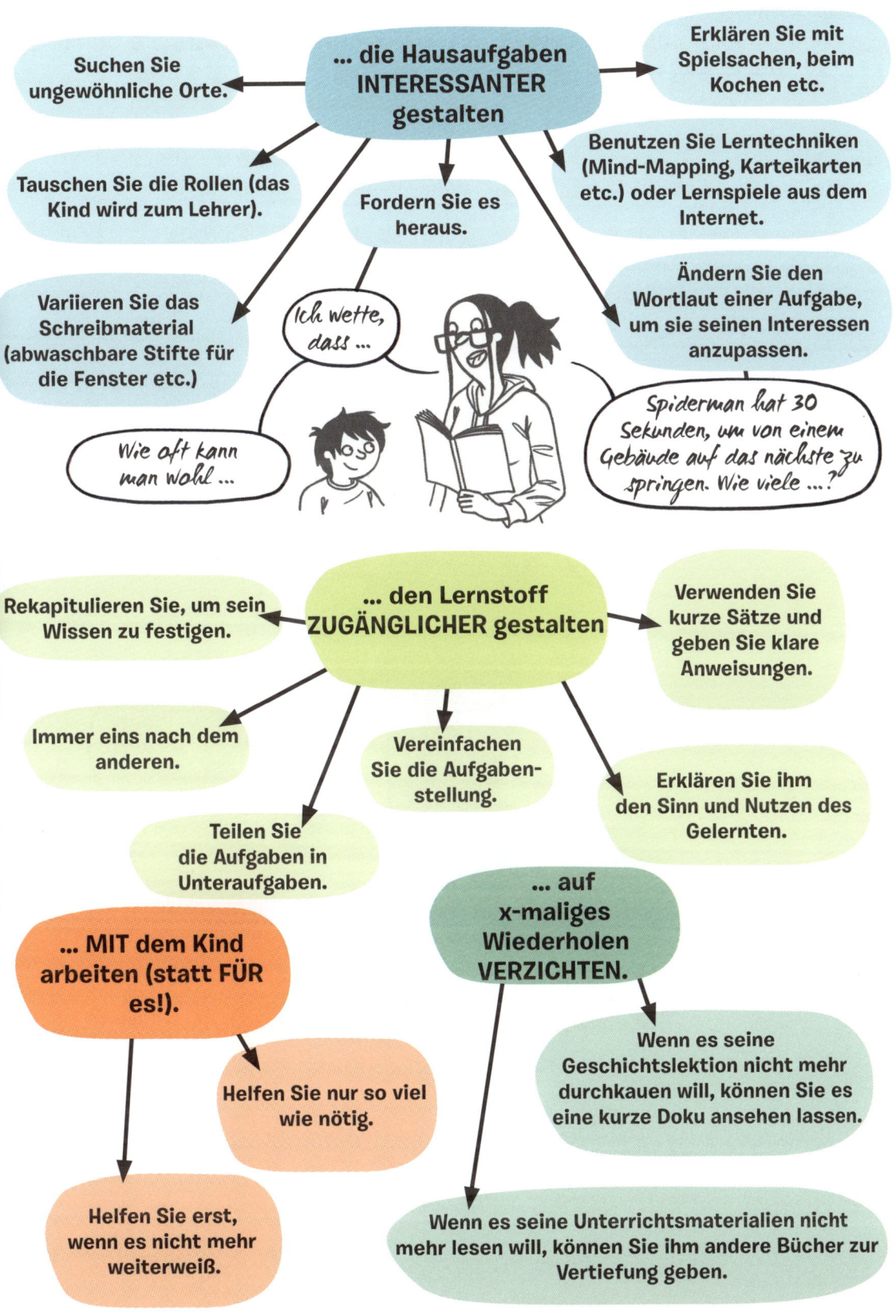

... die Hausaufgaben INTERESSANTER gestalten

Suchen Sie ungewöhnliche Orte.

Erklären Sie mit Spielsachen, beim Kochen etc.

Tauschen Sie die Rollen (das Kind wird zum Lehrer).

Fordern Sie es heraus.

Benutzen Sie Lerntechniken (Mind-Mapping, Karteikarten etc.) oder Lernspiele aus dem Internet.

Variieren Sie das Schreibmaterial (abwaschbare Stifte für die Fenster etc.)

Ändern Sie den Wortlaut einer Aufgabe, um sie seinen Interessen anzupassen.

Ich wette, dass ...

Wie oft kann man wohl ...

Spiderman hat 30 Sekunden, um von einem Gebäude auf das nächste zu springen. Wie viele ...?

... den Lernstoff ZUGÄNGLICHER gestalten

Rekapitulieren Sie, um sein Wissen zu festigen.

Verwenden Sie kurze Sätze und geben Sie klare Anweisungen.

Immer eins nach dem anderen.

Vereinfachen Sie die Aufgabenstellung.

Erklären Sie ihm den Sinn und Nutzen des Gelernten.

Teilen Sie die Aufgaben in Unteraufgaben.

... auf x-maliges Wiederholen VERZICHTEN.

... MIT dem Kind arbeiten (statt FÜR es!).

Helfen Sie nur so viel wie nötig.

Wenn es seine Geschichtslektion nicht mehr durchkauen will, können Sie es eine kurze Doku ansehen lassen.

Helfen Sie erst, wenn es nicht mehr weiterweiß.

Wenn es seine Unterrichtsmaterialien nicht mehr lesen will, können Sie ihm andere Bücher zur Vertiefung geben.

Statt jeden Abend zu verkrampfen und Ultimaten stellen zu müssen ...

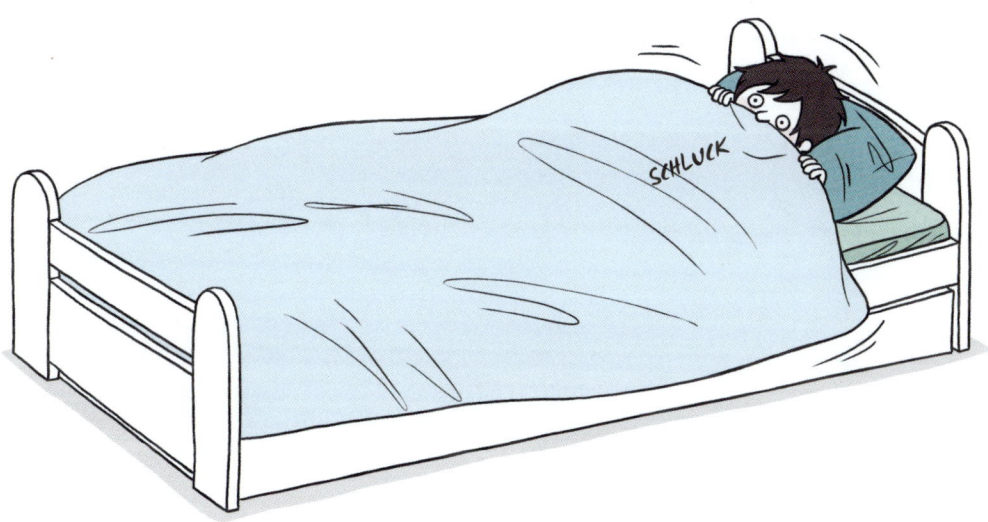

... finden wir heraus, warum das Kind nicht einschlafen kann.

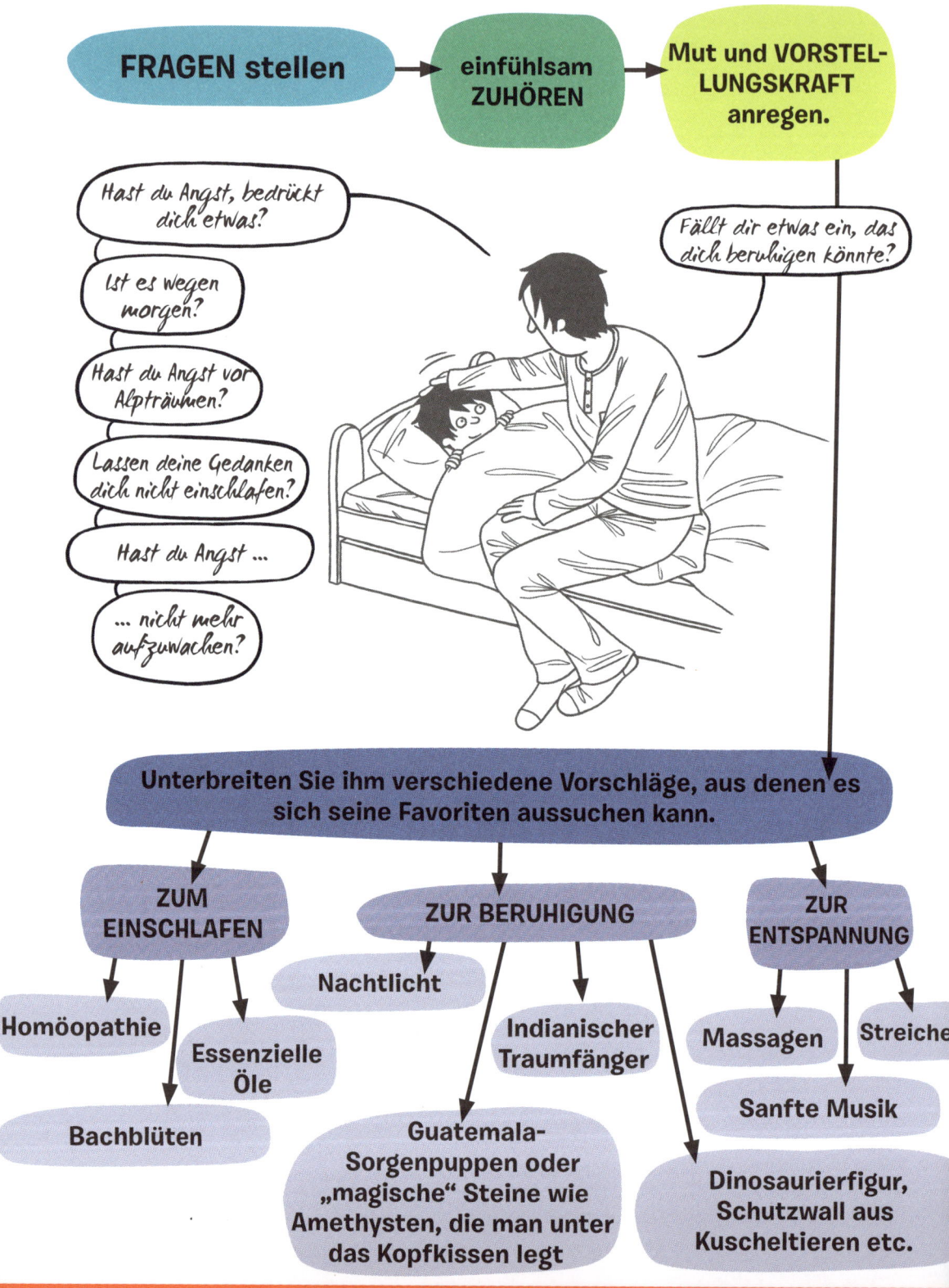

FRAGEN stellen → einfühlsam ZUHÖREN → Mut und VORSTELLUNGSKRAFT anregen.

Hast du Angst, bedrückt dich etwas?

Ist es wegen morgen?

Hast du Angst vor Alpträumen?

Lassen deine Gedanken dich nicht einschlafen?

Hast du Angst ...

... nicht mehr aufzuwachen?

Fällt dir etwas ein, das dich beruhigen könnte?

Unterbreiten Sie ihm verschiedene Vorschläge, aus denen es sich seine Favoriten aussuchen kann.

ZUM EINSCHLAFEN
- Homöopathie
- Essenzielle Öle
- Bachblüten

ZUR BERUHIGUNG
- Nachtlicht
- Indianischer Traumfänger
- Guatemala-Sorgenpuppen oder „magische" Steine wie Amethysten, die man unter das Kopfkissen legt

ZUR ENTSPANNUNG
- Massagen
- Streiche
- Sanfte Musik
- Dinosaurierfigur, Schutzwall aus Kuscheltieren etc.

... und überprüfen, ob es nun besser einschlafen konnte.

ES SCHLÄFT NICHT

RITUAL greift nicht/ist ungeeignet

GESTÖRTER SCHLAF

Zuviel BLAUES BILDSCHIRMLICHT

Legen Sie eine ROUTINE fest und stellen Sie sicher, dass sie eingehalten wird.

hemmt die Produktion von Schlaf- hormonen.

Finden Sie heraus, welche Schlafenszeit seinem Rhythmus entspricht.

Lassen Sie das Kind ein Buch lesen, bis es einschläft.

Bringen Sie es früher zu Bett, wenn erste Anzeichen von Müdigkeit auftreten.

CHECKLISTE FÜR SCHLAFMÜTZEN

1 ☑ *Zähne putzen*
2 ☑ *Gutenachtgeschichte lesen*
3 ☐ *Etwas von seinem Tag erzählen*
4 ☐ *Gutenachtkuss*
5 ☐ *Magischer Satz zum Einschlafen, z.B. „Schlaf gut und träum was Schönes!"*

Statt knallrot anzulaufen, wenn Ihr Kind ausrastet ...

oder selbst auszurasten ...

... sollten wir lieber herausfinden, warum unser Kind ausrastet ...

Wie jetzt, Sie glauben wirklich, dass er einen Grund hat, auszurasten, nur weil ich ihn bitte, seine Jacke anzuziehen, wenn es draußen kalt ist?

NEEIN, ES IST NICHT KALT!

... und wie folgt vorgehen:

ES RASTET AUS. WARUM?

Weil es ÜBERMÜDET ist.

Weil es sehr FRUSTRIERT ist.

Weil es die SPANNUNGEN bei den Eltern spürt (Arbeit, Partnerschaft, Erschöpfung etc.).

Weil sein SELBST-WERTGEFÜHL gestört ist.

Weil es etwas AUFGEWÜHLT hat, das es noch nicht verarbeiten konnte.

Weil es ÜBERANSTRENGT ist (Museum, öffentliche Verkehrsmittel, Wartezimmer etc.).

Weil man es nicht VORGEWARNT hat und diese Situation zu überraschend kam.

Weil etwas UNFAIR ist (dieses Empfinden ist bei manchen Kindern besonders ausgeprägt).

Weil eine Sache, der wir keine Bedeutung beimessen, von unserem Kind als SEHR WICHTIG eingestuft werden kann (frustriert, weil unverstanden).

Weil sich die SPIELREGELN ohne Vorwarnung oder Erklärung GEÄNDERT HABEN.

Um besser zu verstehen, WARUM ein GEFÜHL einen ANFALL auslösen kann, können wir das Thema auch aus neurowissenschaftlicher Sicht betrachten: In unseren GEHIRNEN tritt bei so einem Anfall tatsächlich eine STÖRUNG auf, wie verschiedene Redensarten belegen:

Nehmen die Emotionen überhand, legen Kleinhirn und Limbisches System das Großhirn (Neocortex) lahm, weil sie sehr viel schneller und instinktiver arbeiten/reagieren. Wir können dann nicht mehr rational denken, haben keine Distanz mehr, können nicht mehr auf andere Standpunkte eingehen ... und sind unseren Emotionen schutzlos ausgeliefert!

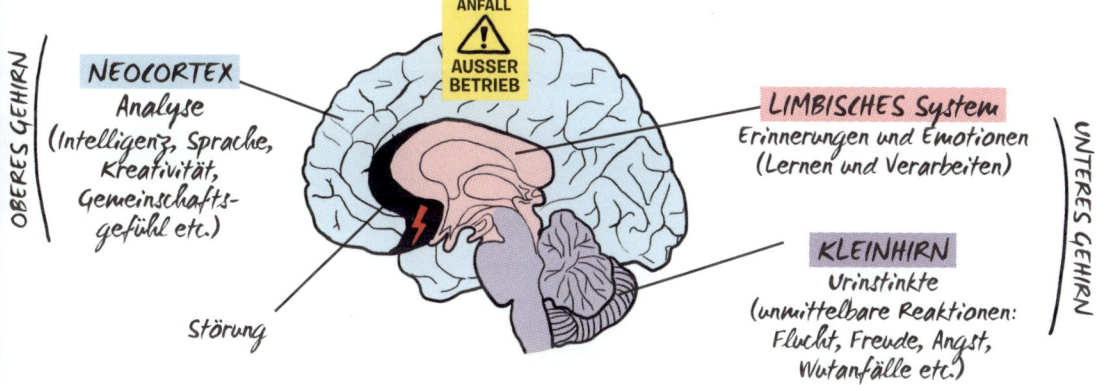

Zur Krönung des Ganzen besitzen wir SPIEGELNEURONEN, die uns verbinden. Sie tragen einen wichtigen Teil zu unserer Sozialisierung bei, spielen uns jedoch auch gerne Streiche, wenn wir uns überfordert fühlen und unsere Emotionen überkochen.

Wenn das Großhirn gestört ist, ist es außer Betrieb.
Dann macht es auch absolut keinen Sinn mehr, auf unsere Kinder
einzureden oder gar zu argumentieren. Was können wir also tun?

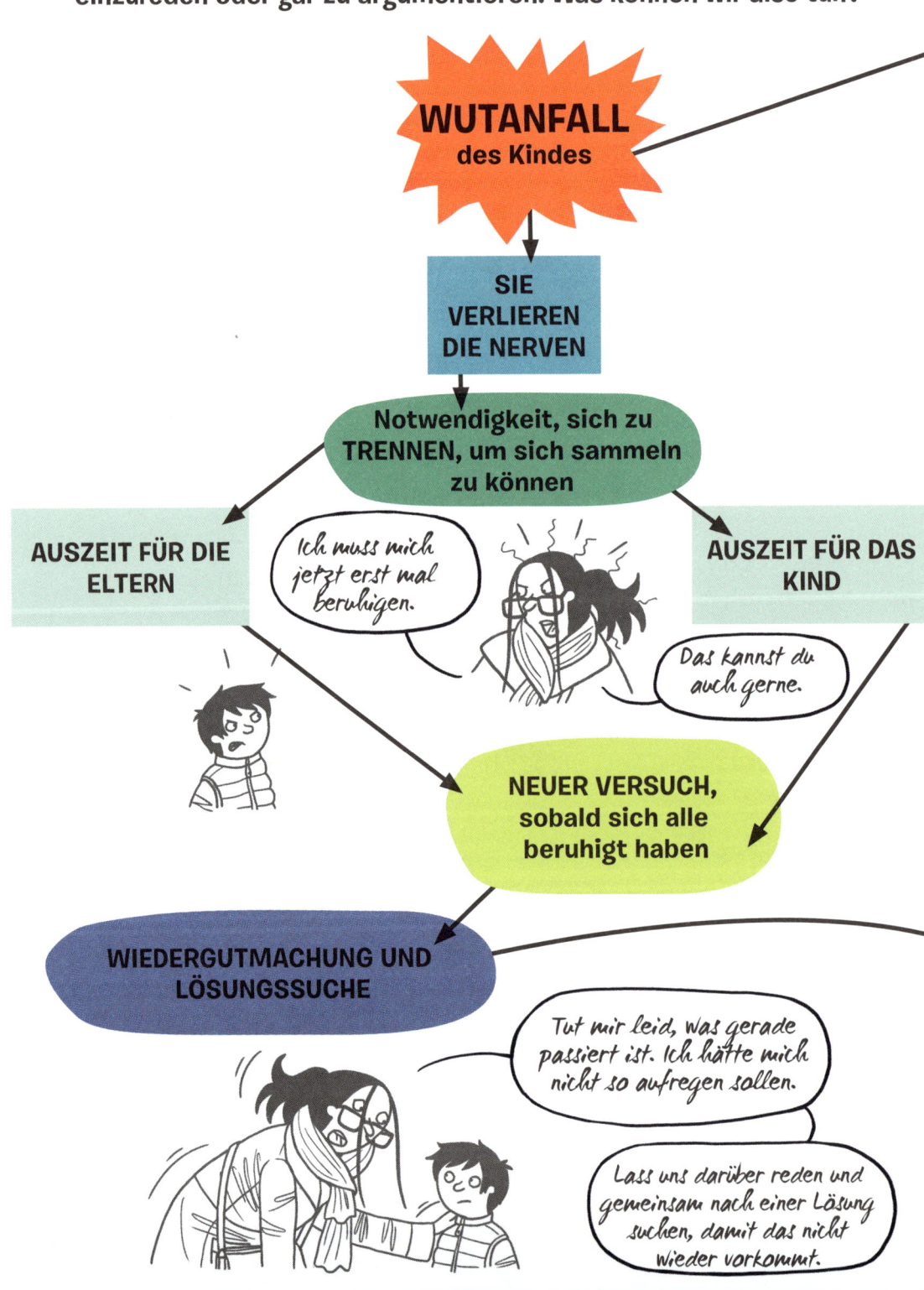

WUTANFALL
des Kindes

SIE VERLIEREN DIE NERVEN

Notwendigkeit, sich zu **TRENNEN, um sich sammeln zu können**

AUSZEIT FÜR DIE ELTERN

Ich muss mich jetzt erst mal beruhigen.

Das kannst du auch gerne.

AUSZEIT FÜR DAS KIND

NEUER VERSUCH, sobald sich alle beruhigt haben

WIEDERGUTMACHUNG UND LÖSUNGSSUCHE

Tut mir leid, was gerade passiert ist. Ich hätte mich nicht so aufregen sollen.

Lass uns darüber reden und gemeinsam nach einer Lösung suchen, damit das nicht wieder vorkommt.

SIE BLEIBEN RUHIG

HELFEN SIE IHM, SICH ZU FASSEN

ZU HAUSE darf es dafür seinen speziellen Rückzugsort aufsuchen.

DRAUSSEN entscheiden Sie entsprechend seiner Bedürfnisse und dem Kontext:
• Nehmen Sie das Kind fest in den Arm;
• Geben Sie ihm zwei Minuten, um sich zu beruhigen, an einem speziellen Ort in Ihrer Nähe, oder durch eine leichte Berührung (z. B. eine Hand auf seine Schulter legen).

Gehen Sie auf die Emotionen Ihres Kindes ein, sobald es sich beruhigt hat.

Ich sehe ja, dass du genervt, traurig, wütend bist ...

SIE VERSTEHEN DAS KIND NICHT und finden gemeinsam heraus, was gerade passiert.

SIE VERSTEHEN DAS KIND und teilen es ihm mit.

Ist etwas passiert in der Schule?

Bist du sauer?

Ist dir zu warm, bist du müde?

... verstehe ...

es ist ja auch hart ...

Mir war auch zu warm im Geschäft.

HELFEN SIE IHM, DIE SITUATION DURCHZUSTEHEN UND SEINE GEFÜHLE ZU KONTROLLIEREN

LERNEN SIE AUS EINEM WUTANFALL

Doch wie würde wohl unser Krisenmanagement im Alltag aussehen?

IHR KIND AKZEPTIERT KEIN „NEIN"

Dazu sollten Sie wissen, dass Ihr Kind **IMMER AUF SEINEN SPASS BEDACHT IST**, dass Sie lernen müssen, den Frust Ihres Kindes an sich abprallen zu lassen, und dass nicht alle Kinder gleich auf ein NEIN* reagieren.

Wenn unser NEIN wie eine **BLOCKADE** auf unser Kind wirkt, provozieren wir einen **WUTANFALL**.

* Bei Kindern mit ADHS ist der präfrontale Cortex unterentwickelt, was unter anderem dazu führt, dass sie ungehemmter sind und ihre Launen direkter ausleben.

Es ist relativ einfach, sich aus einer solchen Sackgasse herauszumanövrieren:

1 indem wir seinen Ärger zulassen,

Ich weiß, du wolltest gern zu deinem Freund.

2 indem wir es ihm erklären,

Heute geht es leider nicht, weil wir keine Zeit haben.

3 indem wir eine Alternative anbieten und uns mit folgendem magischen Satz behelfen:

Jetzt nicht!

Lass uns einen neuen Termin überlegen, ja?

Und so könnten sich bestimmte Situationen abspielen:

Du hast Lust auf Schokolade?

Ist jetzt nicht so gut, wir essen nämlich gleich.

Du kannst nach dem Mittagessen ein Stück haben.

Dieses Spielzeug schenken wir Tom zum Geburtstag.

Dir gefällt es auch?

Wenn du es dann noch willst, bekommst du es auch zum Geburtstag.

Du möchtest einen Fernseher im Zimmer, wie Tom?

Solange du bei uns wohnst, ist das nicht drin.

Aber wenn du deine eigene Wohnung hast, kannst du entscheiden.

IHR KIND MACHT DINGE KAPUTT

Denken Sie immer daran, dass Wut „nur" eine KÖRPERLICHE REAKTION ist.

Manche Kinder werden, wenn sie sich über etwas aufregen, von einer Zerstörungswut gepackt, die vor nichts haltmacht.

Beantworten wir als Erwachsene jedoch Gewalt mit Gegengewalt, werden Wutausbrüche zu Hause zum Standard bzw. zu einer Art Kommunikationsmittel.

In unserem EMOTIONALEN GEDÄCHTNIS (Limbisches System) sind Situationen abgespeichert, die wir noch aus unserer Kindheit kennen und die uns unter Stress auf Autopilot schalten lassen.

Die gute Nachricht ist, dass wir diese impulsiven, sich wiederholenden Verhaltensmuster „umprogrammieren" können. Auf lange Sicht ergeben sich so viele Vorteile: für uns, unsere Kinder, für die Stimmung zu Hause oder draußen …

Zeigen Sie Ihrem Kind verschiedene Möglichkeiten auf, wie es mit seiner Wut oder Enttäuschung umgehen könnte, zum Beispiel:

1 Indem Sie seine WUT zulassen.

Indem Sie es an sich drücken, damit sich seine negativen Gefühle nicht mehr so überwältigend anfühlen ...

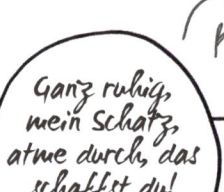

... oder auch nicht, falls ihm eine Berührung in diesem Moment unerträglich ist.

2 Indem Sie es SEINE WUT AN EINEM ORT AUSLEBEN LASSEN, den es sich ausgesucht hat und an dem es sich mit einem oder mehreren Gegenständen beruhigen kann.

Mit einem Punchingball oder einem Wutkissen, die ordentlich Schläge einstecken können.

Mit einem Sitzsack oder einer Matratze, auf die es sich werfen kann.

Mit einen „Wutball", den es mit aller Kraft werfen/kicken kann.

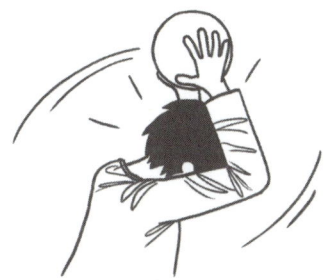

Schimpfwörter:
• Erlauben Sie sie, aber nur im Bad oder in eine Flasche geschrien, die man zukorken kann.
• Bringen Sie dem Kind bei, sie durch witzige Wörter (verflixt und zugenäht, sapperlot etc.) oder gemeinsame Wortkreationen (zu Hause, wenn alle gut gelaunt sind) zu ersetzen.
• Führen Sie die „Schimpfwortminute" ein: Das Kind darf jeden Tag eine Minute lang jedes Schimpfwort sagen, das es möchte, und das war's.

Je eher Kinder lernen, sich ihren Gefühlen zu stellen, desto weniger werden sie sich von ihnen überwältigen lassen. Dieser Prozess kann sich über Jahre hinziehen, doch am Ende werden sie in der Lage sein, ihre Wut anzuerkennen und ihr nicht nachzugeben.

3 Indem Sie das Kind reparieren lassen, was es kaputtgemacht hat, damit es sich nicht schämt oder schuldig fühlt, weil es sich nicht beherrschen konnte.

Zerbrochenen Nippes kann man reparieren.

Man kann um Verzeihung bitten, wenn man jemanden verletzt hat, und umgekehrt selbst verzeihen.

Reparaturen hinterlassen Spuren, aber man fühlt sich danach trotzdem viel besser.

Tut mir leid wegen vorhin.

Natürlich fällt es einem nicht immer leicht, das eigene Kind um Verzeihung zu bitten, vor allem, wenn man es als Kind nicht selbst gelernt hat! Aber es lohnt sich wirklich, diesen Schritt als Erster zu wagen und mit gutem Beispiel voranzugehen!

Anmerkung: Das Büchlein „Robbi regt sich auf" von Mireille d'Allancé beschreibt wunderbar das aufbrausende Temperament von kleinen Kindern und was es heißt, „außer sich" zu sein.

Denken Sie immer daran, dass SUPERMÄRKTE Orte sind, die Ihr Kind mit SINNESEINDRÜCKEN ÜBERFLUTEN (Geräuschkulisse, grelles Licht, Gerüche, viele Menschen, viele Produkte, Kaufanreize etc.) und so einen WUTAUSBRUCH BEGÜNSTIGEN können.

WENN WIR NACHGEBEN (weil wir es eilig haben und das Problem im Keim ersticken wollen), bringen wir unseren Kindern Folgendes bei:
ICH STRESSE = ICH BEKOMME.

Nehmen wir uns daher die Zeit und versuchen es anders:

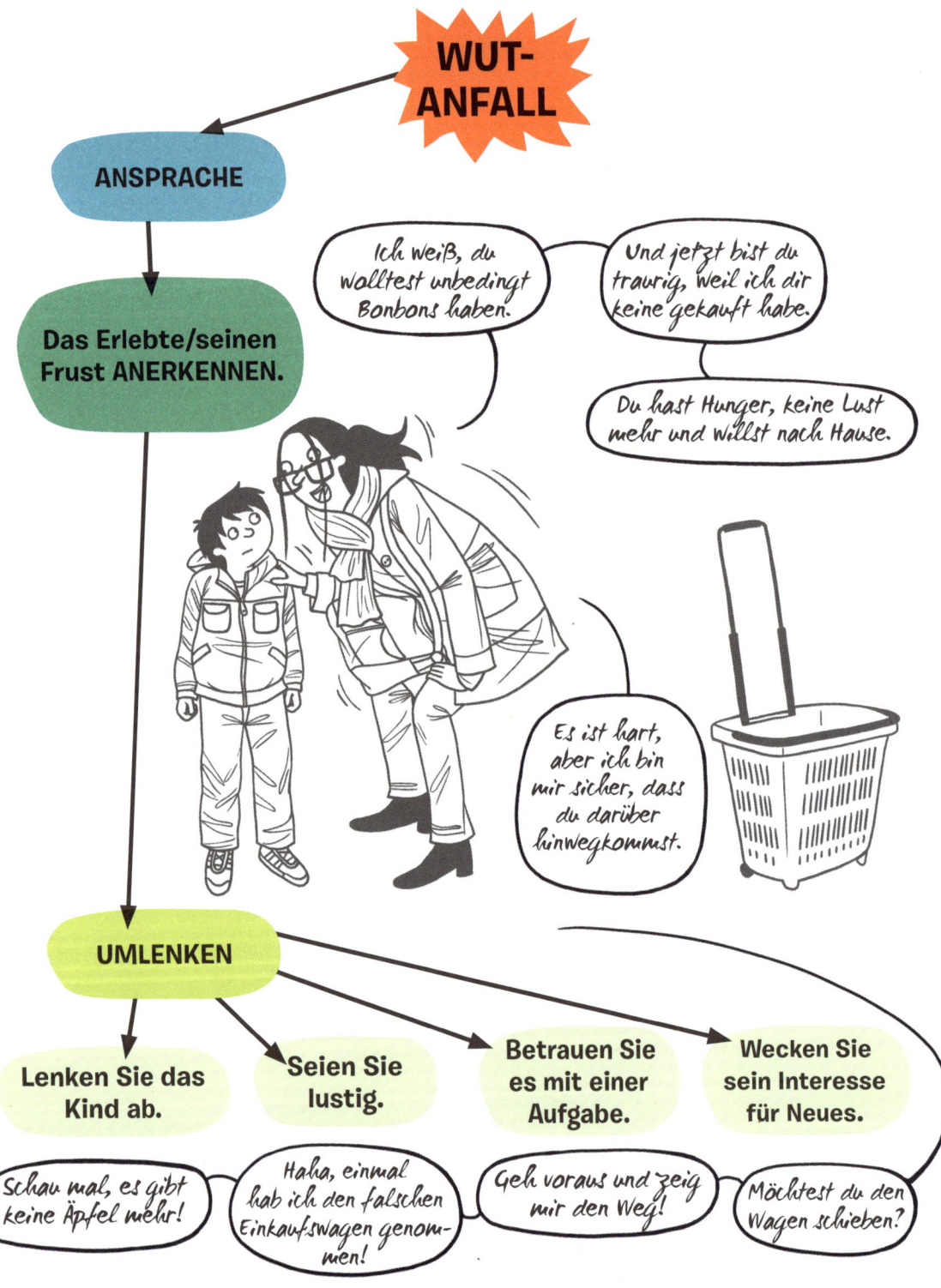

WUT-ANFALL

ANSPRACHE

Das Erlebte/seinen Frust ANERKENNEN.

Ich weiß, du wolltest unbedingt Bonbons haben.

Und jetzt bist du traurig, weil ich dir keine gekauft habe.

Du hast Hunger, keine Lust mehr und willst nach Hause.

Es ist hart, aber ich bin mir sicher, dass du darüber hinwegkommst.

UMLENKEN

Lenken Sie das Kind ab.

Seien Sie lustig.

Betrauen Sie es mit einer Aufgabe.

Wecken Sie sein Interesse für Neues.

Schau mal, es gibt keine Äpfel mehr!

Haha, einmal hab ich den falschen Einkaufswagen genommen!

Geh voraus und zeig mir den Weg!

Möchtest du den Wagen schieben?

Wenn möglich, können Sie Ihr Kind auf den Ausflug einstimmen und sich gemeinsam vorbereiten:

1 ZU ZWEIT NACH LÖSUNGEN SUCHEN

2 VERHALTENSREGELN AUFSTELLEN

3 EINE ABSPRACHE TREFFEN

4 VERANTWORTUNG ÜBERTRAGEN

IHR KIND RASTET IM RESTAURANT AUS

Hier sollte man wissen, dass zwar Erwachsene RESTAURANTBESUCHE mögen, aber Kinder nicht unbedingt (vor allem sehr kleine Kinder nicht). Für sie heißt es: RESTAURANT = STILLSITZEN.

Wenn wir nicht auf die Bedürfnisse unserer Kinder eingehen, sind wir dem Risiko eines kindlichen Wutanfalls schutzlos ausgeliefert.

Nehmen Sie etwas zur Beschäftigung mit, das niemanden stört (Buch, Malbuch, Spielzeug etc.). Haben Sie das versäumt oder daran gedacht, aber Ihr Kind wird trotzdem langsam unruhig, können Sie Folgendes ausprobieren:

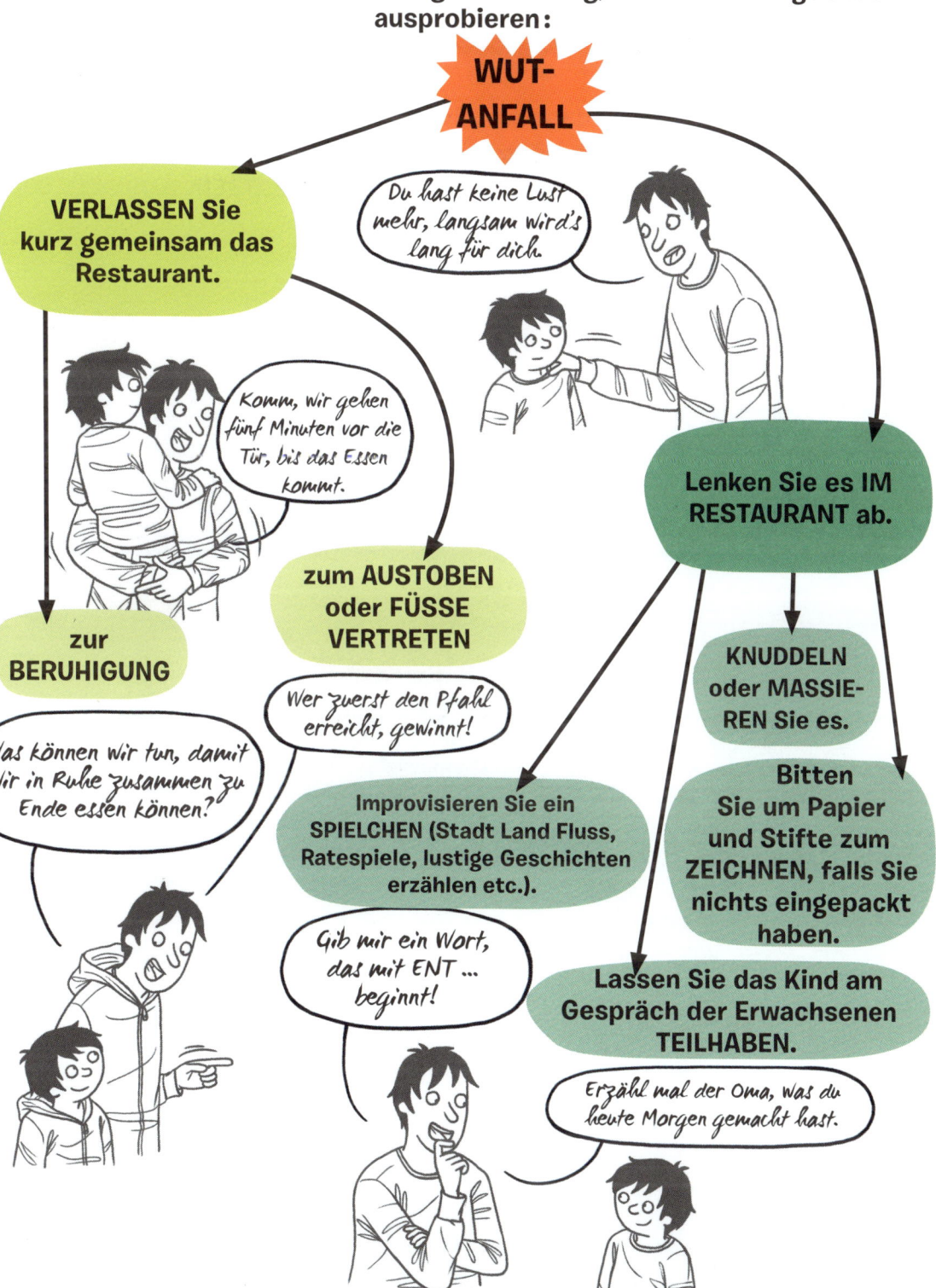

WUT-ANFALL

Du hast keine Lust mehr, langsam wird's lang für dich.

VERLASSEN Sie kurz gemeinsam das Restaurant.

Komm, wir gehen fünf Minuten vor die Tür, bis das Essen kommt.

Lenken Sie es IM RESTAURANT ab.

zur BERUHIGUNG

zum AUSTOBEN oder FÜSSE VERTRETEN

KNUDDELN oder MASSIE-REN Sie es.

Was können wir tun, damit wir in Ruhe zusammen zu Ende essen können?

Wer zuerst den Pfahl erreicht, gewinnt!

Improvisieren Sie ein SPIELCHEN (Stadt Land Fluss, Ratespiele, lustige Geschichten erzählen etc.).

Bitten Sie um Papier und Stifte zum ZEICHNEN, falls Sie nichts eingepackt haben.

Gib mir ein Wort, das mit ENT ... beginnt!

Lassen Sie das Kind am Gespräch der Erwachsenen TEILHABEN.

Erzähl mal der Oma, was du heute Morgen gemacht hast.

IHR KIND KANN NICHT OHNE SMARTPHONE, TABLET & CO.

Denken Sie immer daran, dass elektronische Geräte SÜCHTIG MACHEN. Wenn wir es nicht schaffen, unsere Kinder von ihren Geräten loszueisen, kann es passieren, dass wir VERZWEIFELT und VORSCHNELL handeln – und so einen WUTANFALL befördern.

Und wir Erwachsenen? Pflegen wir etwa immer einen VERNÜNFTIGEN Umgang mit unseren technischen Geräten?
Nicht wirklich ...
Sollte uns also dieses Thema wirklich am Herzen liegen, müssen wir konsequent sein und mit gutem Beispiel vorangehen.

Gleichzeitig müssen wir akzeptieren, dass Smartphones Alleskönner sind und für vieles mehr als nur zum Telefonieren verwendet werden.

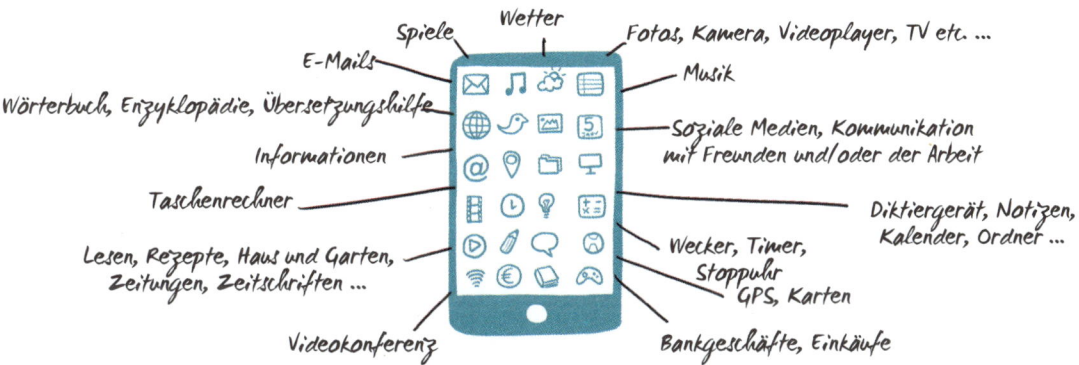

Auch dienen sie uns oft als Arbeitsgerät, weshalb es unseren Kindern manchmal schwerfällt zu verstehen, warum wir so viel Zeit vor unseren Bildschirmen verbringen dürfen. Erklären Sie es ihnen, ohne sich dabei zu rechtfertigen!

Auch sollte uns immer klar sein, wie widersprüchlich es ist, dass unsere Kinder nicht zu viel Zeit mit ihren Geräten verbringen sollen, wir sie jedoch manchmal einfach gewähren lassen, damit wir unsere Ruhe haben.

Sollten wir aber letzten Endes feststellen, dass die Versuchung für ihr Alter noch zu groß ist, müssen wir einschreiten!

Schließlich sollten wir über unsere Geräte bestimmen ...
und nicht die Geräte über uns!
Es ist unsere Aufgabe, unsere Kinder auf ihrem Weg zur vollständigen Selbst-
bestimmung zu begleiten ... auch wenn uns der Weg manchmal lang erscheint.

1 LEGEN SIE EIN ZEITLIMIT FEST, DAS EINGEHALTEN WIRD*.

... und akzeptieren Sie, dass es gerne mal überschritten wird. Haben Sie
es jedoch klar kommuniziert, können Sie ihre Absprache einfach und
bestimmt in Erinnerung rufen. Ohne feste Zeitfenster geht gar nichts!

2 STÖREN SIE DAS KIND NICHT (außer in Notfällen),

wenn es vor dem Bildschirm sitzt (diese Zeit muss von beiden Seiten respektiert werden).

3 SAGEN SIE X MINUTEN VOR ENDE BESCHEID.

Benutzen Sie einen Timer oder eine
Eieruhr –
etwas, das KLINGELT –
wenn die Zeit abgelaufen ist.

*Ältere Kinder dürfen hier mitbestimmen.

Sollte trotzdem Frust aufkommen ...

4 **ZEIGEN SIE VERSTÄNDNIS ...**

... und je nachdem ein wenig Einsicht, ohne dabei weniger streng zu sein.

5 **SCHLAGEN SIE ALTERNATIVEN VOR.**

(rausgehen, Sport machen, Gesellschaftsspiele spielen, zusammen lesen etc.)

Bleibt Ihr Kind ständig vor dem Fernseher kleben,
können Sie es motivieren bzw. in die Verantwortung nehmen, indem Sie es
mit EXTRAZEIT belohnen, wenn es sein Zeitlimit einhält:

Ein effizientes, jedoch strenges Mittel, um sich die Zeit bewusst zu machen: gutes Verhalten = 1 Minute mehr = 1 getrocknete Erbse im Glas.

Am Ende die Erbsen zählen und der Zeit anrechnen.

IHR KIND RASTET IM AUTO AUS

Denken Sie immer daran, dass die BEWEGUNGSFREIHEIT im Auto EINGESCHRÄNKT ist und Ihr Kind nicht einfach aussteigen kann. Und da wir beim Fahren ABGELENKT und manchmal auch GESTRESST sind, kann es passieren, dass wir die Nerven verlieren und die Situation überkocht ...

Damit es gar nicht erst zu Geschrei, Schlägen und Drohungen kommt ...

... gehen wir einfach davon aus, dass die Fahrt selbst das Problem ist ...

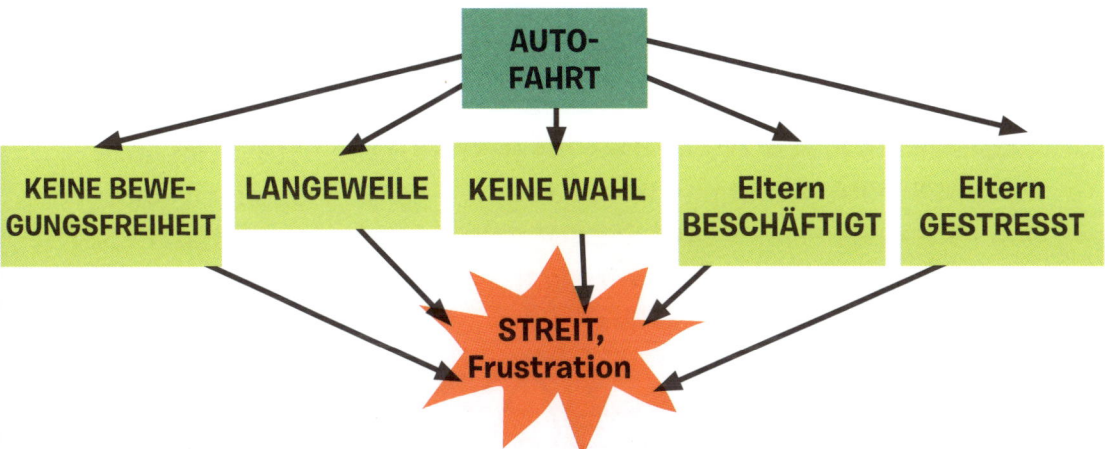

... und greifen vor, indem wir ankündigen, was passiert, wenn es während der Fahrt zu Reibereien kommt.

Sollte also Frust aufkommen, müssen Sie nur noch umsetzen, was Sie angekündigt haben, und ohne ein weiteres Wort darauf warten, dass sich die Kinder wieder beruhigen (Sie können sich sogar ein Buch zum Lesen einpacken, um den Effekt noch zu verstärken).

Für lange Fahrten sollten Sie Ihre Kinder beschäftigen (mit Musik, gemeinsamen und individuellen Spielen) und mobile Geräte erst zum Ende der Fahrt hin einsetzen.

Ihr Kind hält sich für einen Loser, aber warum?

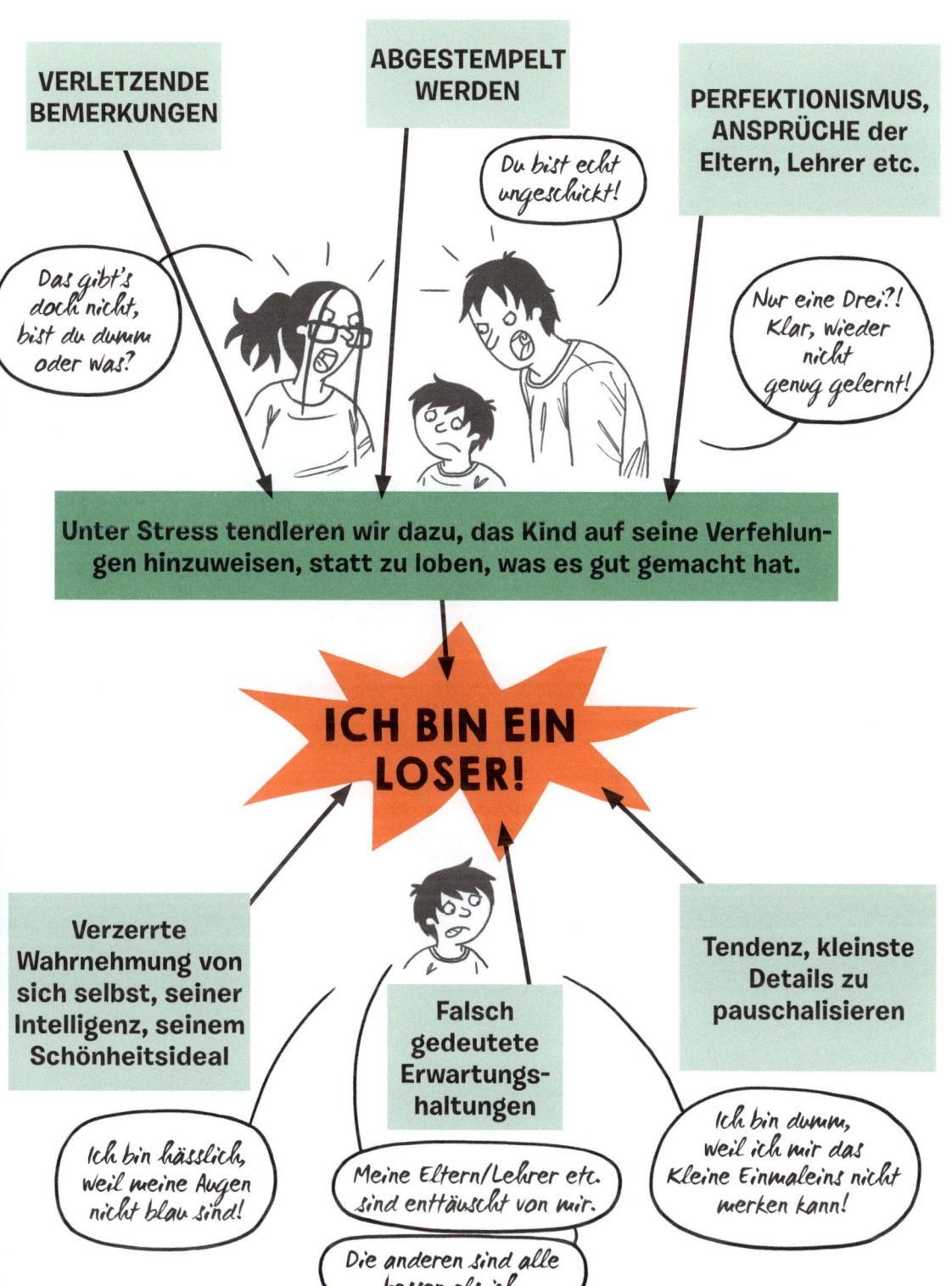

Nein, natürlich ist es nicht unsere Schuld!
Aber wenn unser Kind „Ich bin ein Loser!" sagt, dann nehmen wir das sehr persönlich. Es schmerzt und wir fühlen mit ihm.

Unser erster Instinkt rät uns, rasch gegenzusteuern statt erst einmal hinzuhören und das Problem ernst zu nehmen.

Wenn unser Kind „Ich bin ein Loser!" sagt, drückt es seine Niedergeschlagenheit aus. Wenn wir es direkt abwürgen, halten wir es davon ab, seine Gefühle genauer in Worte zu fassen. Holen Sie daher tief Luft und halten Sie Ihre eigenen Gefühle zurück ...

... wenden Sie sich Ihrem Kind zu und gehen Sie auf es ein statt abzublocken.

Mit einer Geste: Hand auf der Schulter, Kuss, Streicheleinheit etc.

* Refrain eines bekannten französischen Liedes von Alain Souchon, „Allô! Maman, bobo"

So einfach ist das auch wieder nicht.
Natürlich müssen wir auch unseren Teil dazu beitragen ...

Erwachsene, die sich um die Erziehung von Kindern kümmern (zu Hause, in der Schule, bei außerschulischen Aktivitäten etc.), sagen über den Tag hinweg – ohne es zu wollen oder sich dessen überhaupt bewusst zu sein – viele Dinge, die Kinder sich merken und wie „identitätsstiftende Perlen" auf einen Faden aufziehen.

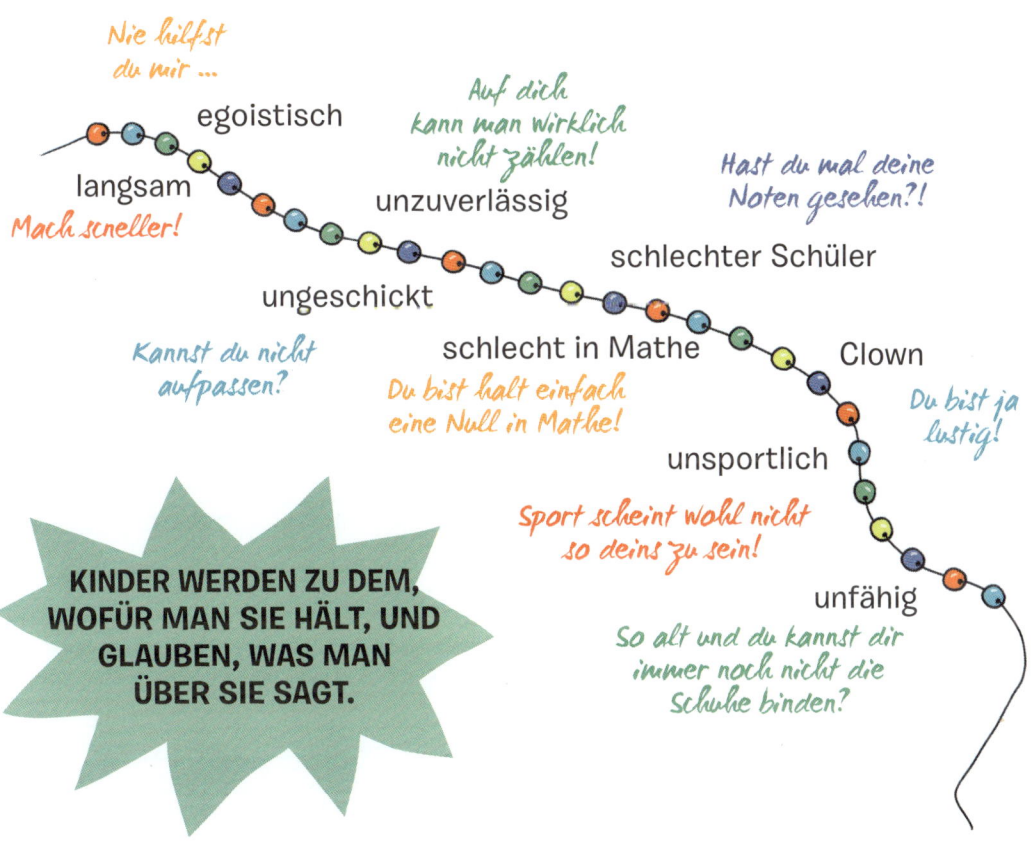

Manche Kinder lassen Kritik mehr, andere weniger an sich heran.

Doch selbst wenn wir unser Kind nicht explizit kritisieren, kann es sein, dass wir aufgrund unserer Ansprüche und Ängste nur auf die negativen Aspekte hinweisen statt auch auf die positiven.

All das hält uns von einer bejahenden, liebevollen Erziehung ab.

Wir müssen also an uns arbeiten, und zwar jeden Tag und auf lange Sicht ...

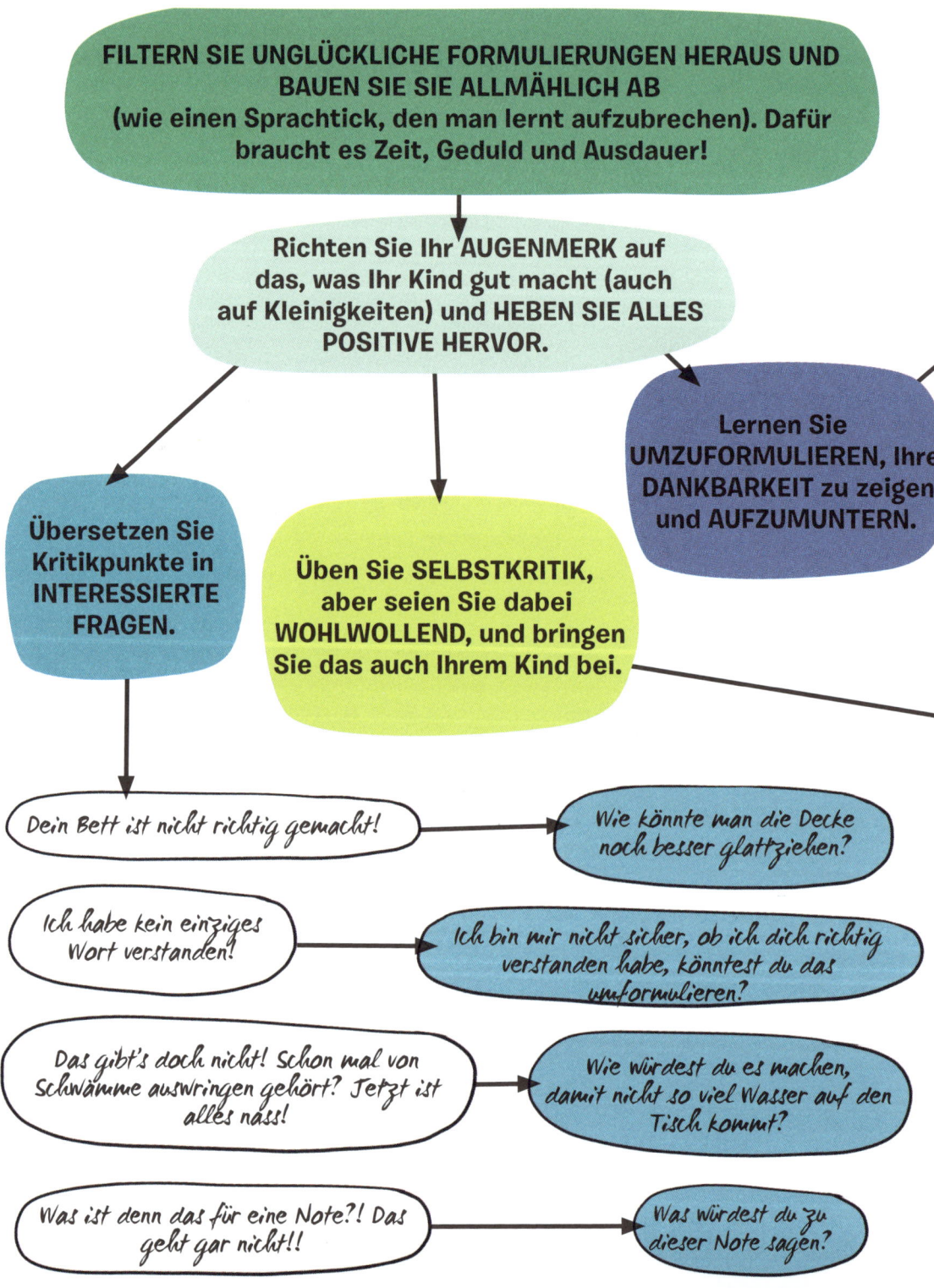

FILTERN SIE UNGLÜCKLICHE FORMULIERUNGEN HERAUS UND BAUEN SIE SIE ALLMÄHLICH AB
(wie einen Sprachtick, den man lernt aufzubrechen). Dafür braucht es Zeit, Geduld und Ausdauer!

Richten Sie Ihr **AUGENMERK** auf das, was Ihr Kind gut macht (auch auf Kleinigkeiten) und **HEBEN SIE ALLES POSITIVE HERVOR.**

Lernen Sie **UMZUFORMULIEREN,** Ihre **DANKBARKEIT** zu zeigen und **AUFZUMUNTERN.**

Übersetzen Sie Kritikpunkte in INTERESSIERTE FRAGEN.

Üben Sie **SELBSTKRITIK,** aber seien Sie dabei **WOHLWOLLEND,** und bringen Sie das auch Ihrem Kind bei.

Dein Bett ist nicht richtig gemacht!

Wie könnte man die Decke noch besser glattziehen?

Ich habe kein einziges Wort verstanden!

Ich bin mir nicht sicher, ob ich dich richtig verstanden habe, könntest du das umformulieren?

Das gibt's doch nicht! Schon mal von Schwämme auswringen gehört? Jetzt ist alles nass!

Wie würdest du es machen, damit nicht so viel Wasser auf den Tisch kommt?

Was ist denn das für eine Note?! Das geht gar nicht!!

Was würdest du zu dieser Note sagen?

Angesichts schulischer Schwierigkeiten empfinden sich Kinder schnell als Null, als Niete, als schlechte Schüler, und stellen sofort ihre Intelligenz infrage:

gute Noten/Leistungsbewertungen = intelligent
schlechte Noten/Leistungsbewertungen = unintelligent

Helfen Sie Ihrem Kind, indem Sie …

1 nach dem Grund für die Schulprobleme suchen.

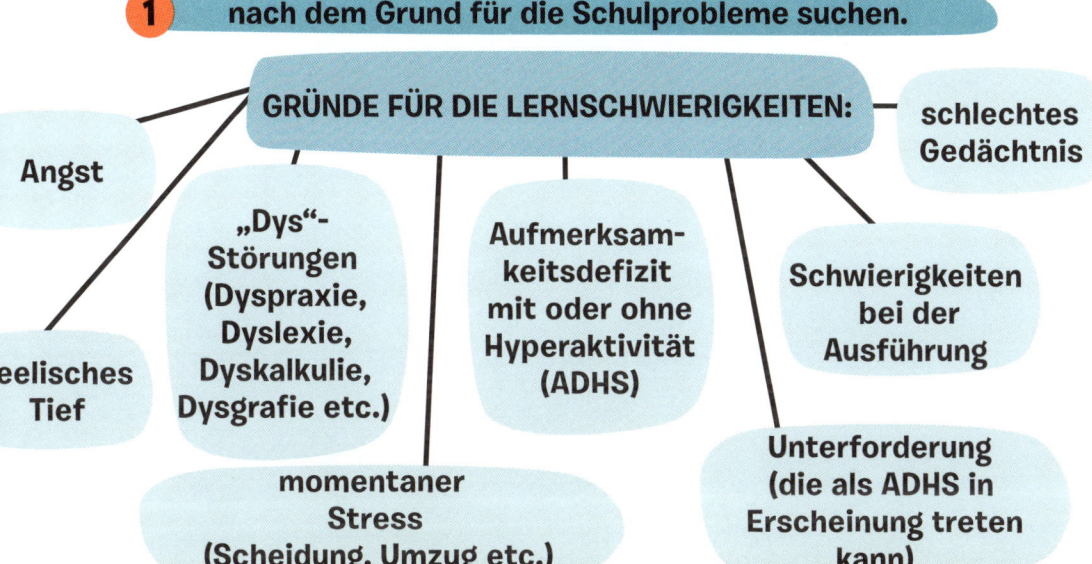

GRÜNDE FÜR DIE LERNSCHWIERIGKEITEN:

schlechtes Gedächtnis

Angst

„Dys"-Störungen (Dyspraxie, Dyslexie, Dyskalkulie, Dysgrafie etc.)

Aufmerksamkeitsdefizit mit oder ohne Hyperaktivität (ADHS)

Schwierigkeiten bei der Ausführung

seelisches Tief

momentaner Stress (Scheidung, Umzug etc.)

Unterforderung (die als ADHS in Erscheinung treten kann)

2 ihm helfen, seine Art der Intelligenz zu finden, um sich wieder zu berappeln.

Laut Howard Gardners THEORIE DER MULTIPLEN INTELLIGENZEN setzt sich Intelligenz aus acht Arten der Intelligenz zusammen, von denen manche stärker ausgeprägt sind als andere.

In der Schule werden jedoch für gewöhnlich nur zwei Arten berücksichtigt und ausgewertet. Weist ein Kind also andere Intelligenzen auf, kann es sein, dass es in der Schule Schwierigkeiten bekommt und zu glauben beginnt, eben nicht intelligent zu sein.

Natürlich bist du intelligent, du bist nur nicht so gut in Mathe.

Wie sagte Einstein: „Wenn du einen Fisch danach beurteilst, ob er auf einen Baum klettern kann, wird er sein ganzes Leben glauben, dass er dumm ist."

Komm, wir suchen jetzt deine Arten der Intelligenz!

Und so sehen diese Intelligenzen aus:

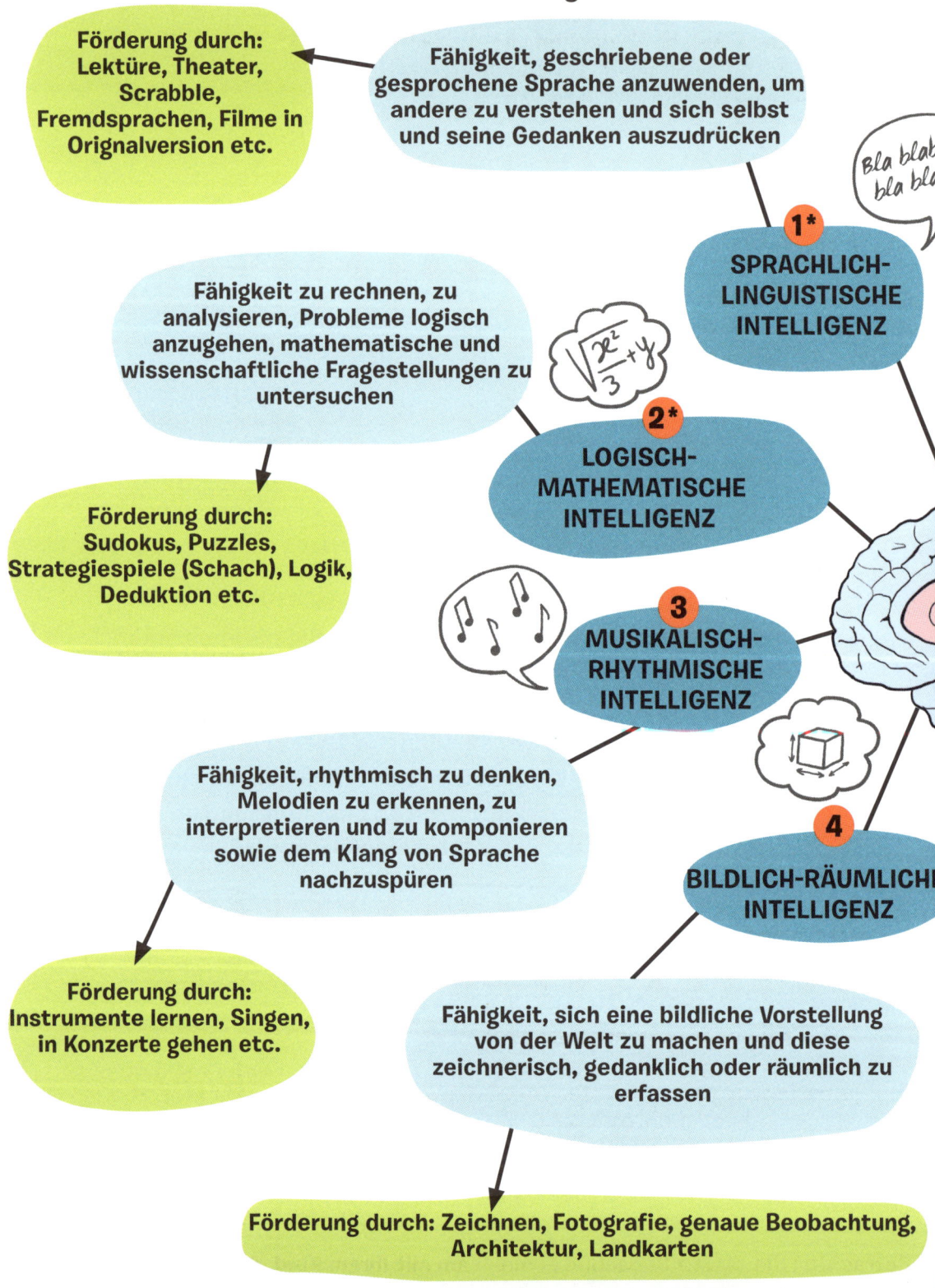

Förderung durch: Lektüre, Theater, Scrabble, Fremdsprachen, Filme in Orignalversion etc.

Fähigkeit, geschriebene oder gesprochene Sprache anzuwenden, um andere zu verstehen und sich selbst und seine Gedanken auszudrücken

Bla blab bla bla

1* SPRACHLICH-LINGUISTISCHE INTELLIGENZ

Fähigkeit zu rechnen, zu analysieren, Probleme logisch anzugehen, mathematische und wissenschaftliche Fragestellungen zu untersuchen

$$\sqrt{\frac{x^2}{3} + y}$$

2* LOGISCH-MATHEMATISCHE INTELLIGENZ

Förderung durch: Sudokus, Puzzles, Strategiespiele (Schach), Logik, Deduktion etc.

3 MUSIKALISCH-RHYTHMISCHE INTELLIGENZ

Fähigkeit, rhythmisch zu denken, Melodien zu erkennen, zu interpretieren und zu komponieren sowie dem Klang von Sprache nachzuspüren

4 BILDLICH-RÄUMLICHE INTELLIGENZ

Förderung durch: Instrumente lernen, Singen, in Konzerte gehen etc.

Fähigkeit, sich eine bildliche Vorstellung von der Welt zu machen und diese zeichnerisch, gedanklich oder räumlich zu erfassen

Förderung durch: Zeichnen, Fotografie, genaue Beobachtung, Architektur, Landkarten

* Diese werden in der Schule hauptsächlich gefördert.

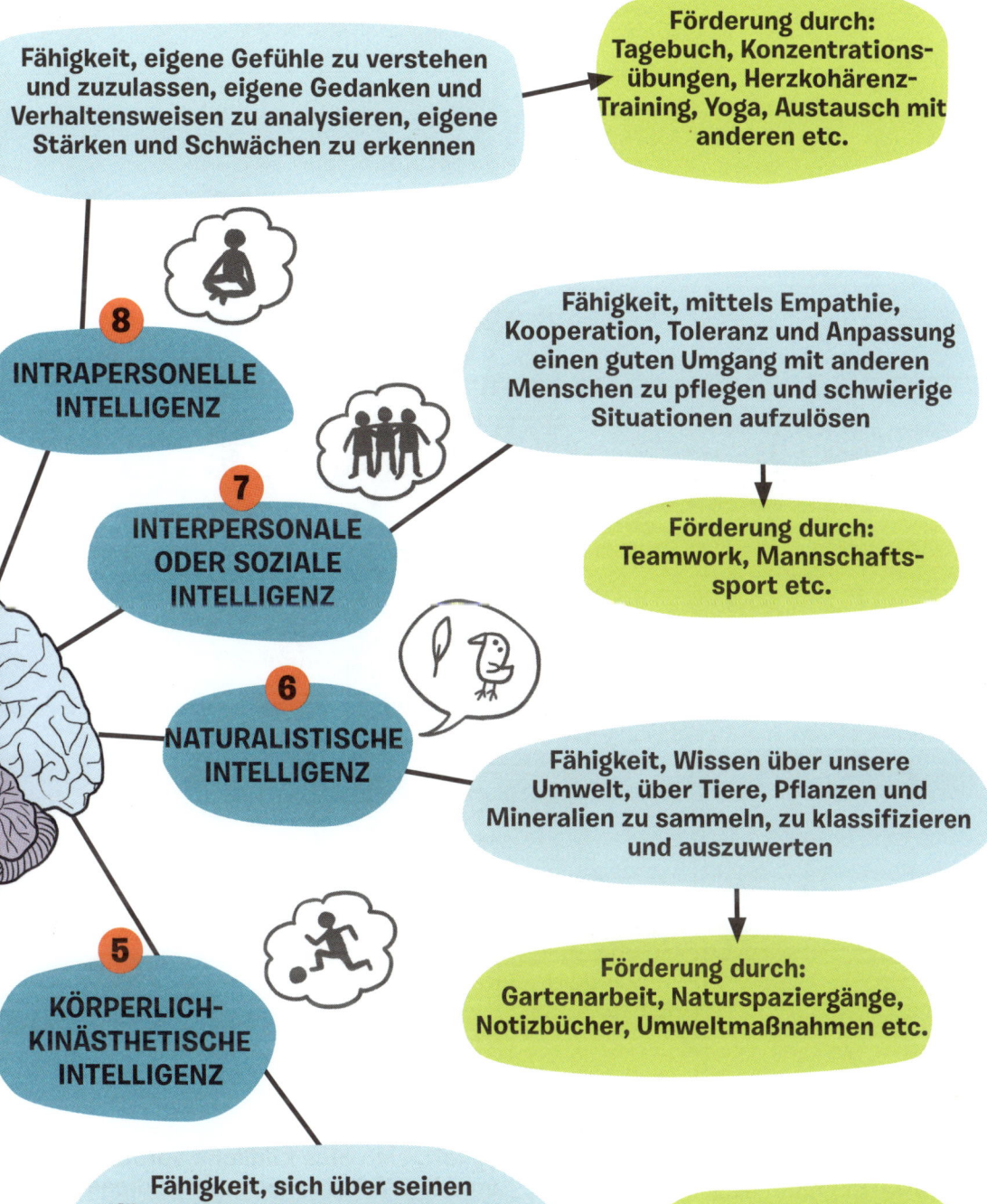

Fähigkeit, eigene Gefühle zu verstehen und zuzulassen, eigene Gedanken und Verhaltensweisen zu analysieren, eigene Stärken und Schwächen zu erkennen

Förderung durch: Tagebuch, Konzentrations-übungen, Herzkohärenz-Training, Yoga, Austausch mit anderen etc.

8
INTRAPERSONELLE INTELLIGENZ

Fähigkeit, mittels Empathie, Kooperation, Toleranz und Anpassung einen guten Umgang mit anderen Menschen zu pflegen und schwierige Situationen aufzulösen

7
INTERPERSONALE ODER SOZIALE INTELLIGENZ

Förderung durch: Teamwork, Mannschafts-sport etc.

6
NATURALISTISCHE INTELLIGENZ

Fähigkeit, Wissen über unsere Umwelt, über Tiere, Pflanzen und Mineralien zu sammeln, zu klassifizieren und auszuwerten

Förderung durch: Gartenarbeit, Naturspaziergänge, Notizbücher, Umweltmaßnahmen etc.

5
KÖRPERLICH-KINÄSTHETISCHE INTELLIGENZ

Fähigkeit, sich über seinen Körper auszudrücken, körperliche Anstrengungen zu meistern oder den Körper einzusetzen

Förderung durch: Tanz, Theater, Zirkus, Sport, Laufen, Handwerk etc.

Betrachten Sie dieses Schaubild gemeinsam mit Ihrem Kind, damit es mehr über seine Art(en) von Intelligenz lernt und neues Vertrauen in seine Fähigkeiten gewinnt.

IHR KIND MÖCHTE ALLES AUF ANHIEB SCHAFFEN

Wenn Ihr Kind alles sofort können will, heißt das, dass es noch nicht gelernt hat, was es bedeutet, Fortschritte zu machen.

Erklären Sie ihm, dass Patzer, Fehler und Experimentieren zu jeder Entwicklung dazugehören ...

1 **LASSEN SIE SEINEN FRUST ZU**
und helfen Sie ihm, seine Emotionen zu verarbeiten.

> Erzähl mir, was genau dich ärgert.

> Was hattest du vor?

> Wie sollte deine Zeichnung aussehen?

und LASSEN SIE ES ERKLÄREN.

> Naja, ich wollte blabla bla ...

> OK, vielleicht müssen deine Hand und dein Stift noch lernen, deinem Kopf zu folgen!

2 **Erläutern Sie ihm, was FORTSCHRITTE MACHEN BEDEUTET.**

> Niemand geht eine Treppe hinauf, indem er direkt von der ersten Stufe zur letzten springt und die dazwischen auslässt.

> Als du laufen gelernt hast, hat das auch nicht auf Anhieb geklappt. Du bist x-mal hingefallen!

> Nenne mir eine Sportart, die man direkt beherrscht!

> Es gibt keine!

3 Helfen Sie ihm, **KLEINIGKEITEN NICHT ZU VERALLGEMEINERN** („Ich bin der Oberloser!").

> Was gefällt dir an deiner Zeichnung nicht?

> Vielleicht liegt es ja daran, dass die Arme deines Männchens nicht gleich lang sind?

> Was hältst du davon, wenn wir statt „alles" nur dieses Detail deiner Zeichnung verändern?

> Alles!

> Oh ja, so ist es besser!

Kinder, die sehr hohe Ansprüche an sich selbst und ihre Leistungen stellen, sind sehr empfänglich für Kritik und fürchten sich vor dem Gespött und der Kritik der anderen, und da sie damit nicht umgehen können, geben sie schon im Vorfeld auf.

Versuchen Sie, dieses Verhalten zu durchbrechen, indem Sie:

1 **AUF DIE GEFÜHLE IHRES KINDES EINGEHEN** und **FRAGEN STELLEN,** um gezielt reagieren zu können.

> Du bist ja ganz unruhig ...

> Was ist denn?

> Was beunruhigt dich?

2 ihm **VON IHREN ERLEBNISSEN** in seinem Alter berichten.

> Ich hatte früher auch Angst, vor anderen Fahrrad zu fahren.

> Und je mehr Angst ich hatte, desto schlechter fuhr ich.

3 seine Hand nehmen und es **ERMUTIGEN.**

> Weißt du noch, wie du Angst vor ... hattest, und dann hast du es doch geschafft!

> Was kann ich tun, um dir deine Angst zu nehmen?

Helfen Sie Ihrem Kind **IM ALLTAG**, seine Versagensängste zu überwinden, indem Sie Fehler stets als wichtigen Teil der Entwicklung und des Lernens darstellen.

> Wusstest du, dass alle möglichen Erfindungen aus Fehlern entstanden sind? Penizillin, Post-its, Eis am Stiel, die Mikrowelle ...

Arbeiten Sie mit **DEN FEHLERN IHRES KINDES**, indem Sie:

1 es eine **ERKLÄRUNG** für seinen Fehler finden lassen

2 es eine **LÖSUNG** finden lassen

> Weißt du, wie das passieren konnte?

> Und was machen wir nun?

3 es eine **LEHRE** ziehen lassen

4 **MIT GUTEM BEISPIEL VORANGEHEN** (indem Sie selbst Fehler eingestehen und zeigen, dass man auch im Alter immer noch dazulernt)

> Was lernen wir daraus?

Wenn Kinder so reagieren, fällt es manchmal schwer, die Ruhe zu bewahren. In einem solchen Fall müssen sowohl langfristige als auch kurzfristige Maßnahmen ergriffen werden.

Versuchen Sie zu verstehen, warum Ihr Kind nicht gerne verliert.

Es ist AUFGEWÜHLT und kann sich (noch) nicht beherrschen.

ES HAT EIN GERINGES SELBSTWERTGEFÜHL. Es fühlt sich besser und stärker, wenn es gewinnt.

Es glaubt, NUR DANN INTERESSANT zu sein, wenn es GEWINNT.

Es glaubt, NICHT DAZUZUGEHÖREN, wenn es nicht gewinnt.

SCHLECHTER VERLIERER

Es hat die Redensart NUR WER GEWINNT, KOMMT WEITER verinnerlicht.

ES GEHT IMMER AUFS GANZE. Es spielt nicht, um zu verlieren.

Es ist UNFLEXIBEL und blockiert, wenn es nicht so läuft, wie es möchte.

Wie können wir ihm also helfen, Niederlagen einzustecken und ein guter Verlierer zu sein?

Kurzfristig, indem wir ihm SEINE GEFÜHLE ZUGESTEHEN. Man darf auch mal frustriert sein.

> Ich weiß ... verlieren ist wirklich schwer ...

Langfristig, indem wir berücksichtigen, dass Gefühle chaotisch sind und das Kind mit unserer Hilfe noch lernen muss, sie in den Griff zu bekommen.

Helfen Sie ihm dabei, während der gesamten Partie und nicht nur im Fall eines Sieges SPASS AM SPIEL zu haben.

Gehen Sie immer auf seine LERNERFOLGE und ENTWICKLUNG ein, egal ob beim Sport oder bei einem Spiel.

> Wow, das war ja ein cleverer Zug!

> Wie hast du das denn gemacht? Zeig mal!

> Weißt du noch, wie du letzten Sommer gespielt hast?

> Seitdem hast du dich wirklich toll weiterentwickelt!

VERLIEREN IST OK

ICH BIN EIN GUTER VERLIERER

Achten Sie auch darauf, dass es FAIR gewinnt und sich an die Spielregeln hält, auch beim Sport (Tennis, Fußball, Judo etc.)

Denken Sie immer an die Macht der SPIEGELNEURONEN: Ihr Kind übernimmt beim Spielen Ihre Verhaltensmuster, wenn Sie gewinnen oder verlieren.

> Bravo! Reichen wir uns die Hand?

Schlagen Sie Spiele vor, bei denen man TEAMS BILDET, damit es lernt, dass es mehr Spaß macht, MIT- als GEGENEINANDER zu gewinnen.

Wenn sich Kinder für Loser halten, verlieren sie sogar die Freude an Dingen, die ihnen früher Spaß gemacht haben. Sie interessieren sich nicht mehr für sich, für die anderen oder für das, was um sie herum geschieht.

Ihr Credo: „Ist doch eh alles egal."

Ist Ihr Kind wie erstarrt, wirkt es bedrückt, hat es sich zurückgezogen? Dann ändern Sie das, indem Sie ...

1 AUF GESICHERTES ZURÜCKGREIFEN und zeigen, dass Sie volles Vertrauen in Ihr Kind haben.

He, weißt du noch, wie stolz du letztes Mal darauf warst, den Gipfel zu erreichen?

2 seine LEISTUNG ANERKENNEN.

Stimmt, da hochzukommen ist eine große Leistung und verlangt viel Ausdauer.

3 VORSCHLÄGE machen, die motivieren und neue Perspektiven öffnen.

Möchtest du meine Kamera haben und da oben Fotos oder eine kleine Reportage machen?

Wir könnten einen spannenden Gipfelkrimi erfinden!

4 DURCHHALTEN UND WARTEN, bis das Kind mit Nörgeln fertig ist, was übrigens oft schneller der Fall ist, als man denkt.

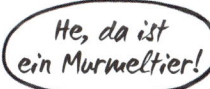

He, da ist ein Murmeltier!

Sollte sich die negative Einstellung Ihres Kindes jedoch verstärken (er hört auf, bestimmte Dinge zu tun, will seine Freunde nicht mehr sehen, hat keine Lust mehr etc.), sollten Sie dringend weitere Maßnahmen ergreifen (siehe S. 88-89) und/oder professionelle Hilfe in Anspruch nehmen, damit Ihr Kind lernt, neues Vertrauen in sich und seine Fähigkeiten zu setzen.

Wenn Kinder lügen, nehmen wir das schnell persönlich oder sind beleidigt, dabei lügen sie oft nur, weil sie Angst davor haben, zu enttäuschen oder bestraft zu werden.

Es lohnt sich also, ihre Denkweise zu verstehen:

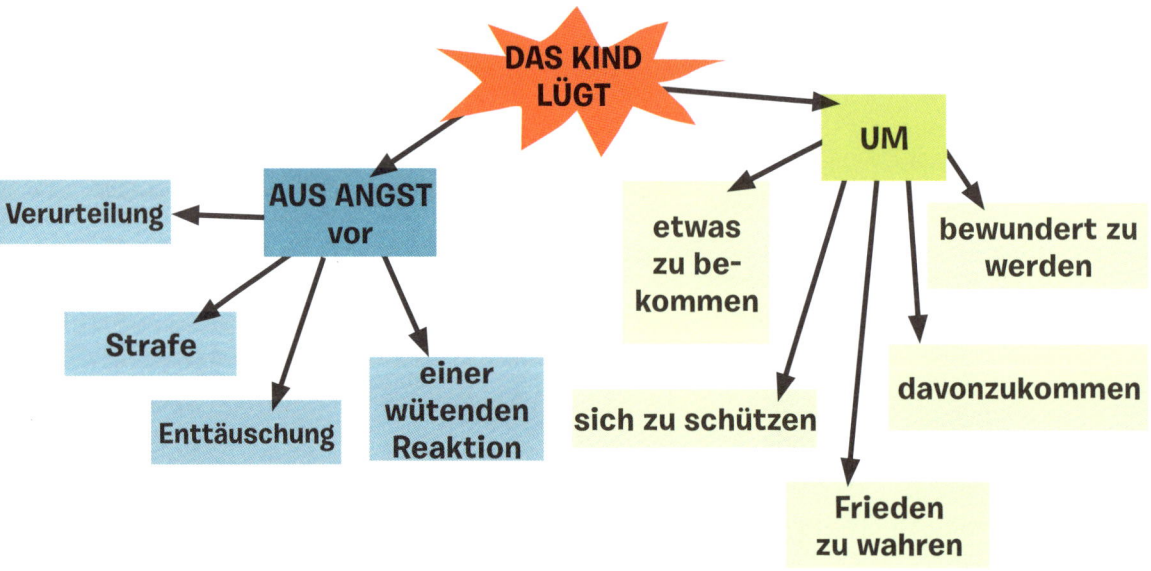

Bevor wir auf die Lüge unseres Kindes reagieren, sollten wir:

Tatsächlich verdrehen manche Kinder die Wahrheit zu ihren Gunsten, während andere eher ein schlechtes und/oder selektives Erinnerungsvermögen haben, was dazu führt, dass sie Ereignisse ohne böse Absicht anders wiedergeben ... nicht so einfach herauszufinden!

2 DAS PROBLEM DIREKT ansprechen und das Kind seine Meinung äußern lassen:

> Kannst du mir zum Verständnis erklären, ...

> ... wovor du Angst hattest.

> ... warum du es nicht zugeben wolltest.

> ... was du damit bezwecken wolltest.

3 MÖGLICHE MISSVERSTÄNDNISSE klären.

Manche Kinder fürchten sich vor dem Urteil anderer, da sie eine geringe Selbstachtung haben. Sie verwechseln „Ich habe etwas Dummes getan" mit „Ich bin dumm".

Es ist daher wichtig, sie daran zu erinnern, dass wir nur ihr Verhalten missbilligen und nicht sie selbst.

> Ich mag deine Lügen nicht, aber ich mag dich, selbst wenn ich sauer bin. Hast du das verstanden, mein Schatz?

4 GEMEINSAM NACH LÖSUNGEN suchen.

Auf diese Weise können Strafmaßnahmen sukzessive abgeschafft werden. Je weniger Sie bestrafen, desto ehrlicher wird Ihr Kind mit sich und Ihnen umgehen.

> Was könnten wir tun, damit das nicht wieder vorkommt?

WIE VERHINDERT MAN EINE LÜGE NACH EINER DUMMHEIT?

Indem man die Dummheit herunterspielt.

> Das kann doch jedem mal passieren ...

Indem man nicht den Schuldigen sucht, sondern den Verantwortlichen.

> Gib es wenigstens zu!

Indem man Strafen durch Maßnahmen ersetzt.

> Hast du eine Idee, wie man diesen Fleck entfernt?

Wenn Kinder demonstrativ aufschneiden, liegt das oft daran, dass sie gegen Minderwertigkeitsgefühle ankämpfen. Das kann so weit führen, dass sie allen mit ihrer Prahlerei auf die Nerven gehen und genau das Gegenteil von dem erreichen, was sie sich eigentlich wünschen: wertgeschätzt zu werden.

Ihr Kind tappt quasi in seine eigene Falle, da es nicht die Anerkennung bekommt, die es sich erhofft.

In einem solchen Fall können wir:

1 überlegen, wie wir unsere Antworten umformulieren.

2 Vergleiche vermeiden, die automatisch ein Gefühl der Über- oder Unterlegenheit auslösen.

3 herausfinden, wie man das Kind sinnvoll bestärkt und ermutigt.

4 loben, was es gut kann, um sein Selbstwertgefühl zu stärken.

Kinder, die sich wertgeschätzt fühlen, haben es nicht nötig zu prahlen!

IHR KIND NIMMT ZU VIEL RAUM EIN

Was bringt unser Kind dazu, so viel Raum einzunehmen?

Abgesehen davon, dass Ihr Kind dazugehören und zum Familienleben beitragen möchte, wenn auch auf völlig deplatzierte Art und Weise, ist es wichtig zu lokalisieren, was es daran hindert, in dem ihm zugewiesenen Rahmen zu bleiben.

ES NIMMT SEINE UMWELT NICHT RICHTIG WAHR und kann sich nicht an das anpassen, was rundherum geschieht

ES KANN SICH NICHT BEHERRSCHEN (Probleme bei der Selbstregulierung)

ES BEKOMMT SEINE ÄNGSTE nicht alleine in den Griff

ES IST UNGEDULDIG und kann nicht abwarten, bis es dran ist

Schwierigkeiten wie diese variieren von Kind zu Kind.
Tja, jedes Kind ist etwas Besonderes!

Es gibt verschiedene Möglichkeiten, wie Sie Ihrem Kind dabei helfen können, fehlende Kompetenzen zu erlernen*:

HELFEN SIE IHM, SEINE UMWELT WAHRZUNEHMEN ...

1 indem Sie ihm bewusst machen, dass es nicht alleine ist.

He, es sind Leute um dich herum!

2 indem Sie seine Sinne schärfen, damit es sich besser an seine Umwelt anpassen kann.

3 indem Sie ihm helfen, sich in andere hineinzuversetzen.

Wie fändest du es, wenn wir vor deinem Zimmer singen würden?

Siehst du, dein Bruder macht Hausaufgaben!

4 indem Sie ihm helfen, ein Gefühl für sich und seinen Körper zu entwickeln und seinen Platz unter anderen Menschen zu finden, z. B. durch:

Mannschaftssport (Fuß-, Basketball etc.)

Bewegungsspiele (Twister, Reise nach Jerusalem, Völkerball, Ochs am Berg etc.)

Muskelentspannung

Massagen

... SICH ZU REGULIEREN

indem Sie ihm beibringen, sich zu zügeln, besonders wenn es sich nach wildem Spielen beruhigen soll.

Schatz, du fährst gerade mit 120 durch die Tempo-30-Zone!

Du weißt doch, auf dem Weg vom Garten an den Esstisch wird gebremst!

Und ohne den Airbag auszulösen!

*Kindern mit Entwicklungsstörungen (Autismus, ADHS, Dyslexie etc.) fällt es schwerer, Kompetenzen wie diese auszubilden. Eltern bekommen nicht immer die Wertschätzung von ihren Kindern, die sie verdienen, weshalb sie sich vielleicht manchmal entmutigt fühlen. Geben Sie jedoch nicht auf!

indem Sie es bestätigen

Ich sehe dich, ich höre dich, ich kümmere mich um dich, sobald ich ...

Was brauchst du, um ohne mich ruhig und entspannt in deinem Zimmer zu spielen?

indem Sie ihm helfen sich selbst zu bestätigen

indem es sich eine Schutzhülle vorstellt

indem es tief ein- und ausatmet

indem es auf Hilfsmittel zurückgreift (Kuscheltiere, sanfte Musik, liebste Schlafposition etc.)

... SICH ZU GEDULDEN

indem Sie ihm beweisen, dass Warten belohnt wird. Das beinhaltet zwar, dass Sie Ihre Versprechen einhalten müssen, aber wenn Sie das schaffen, dann schaffen Ihre Kinder das später auch.

Ich spreche kurz mit deinem Bruder, und dann bist du dran!

Du kannst so lange draußen oder in deinem Zimmer spielen.

Ich spiele um halb vier mit dir, versprochen, aber bis dahin musst du dich alleine beschäftigen!

Nimm meine Uhr und warte drei Minuten, dann habe ich meine E-Mail fertig und wir können spielen!

Mit Gesellschaftsspielen lernt es sich übrigens wunderbar, zu warten, bis man an der Reihe ist.

Seien Sie immer streng, aber liebevoll, damit Ihr Kind nicht zu einem kleinen Tyrannen heranwächst.

Manchmal kann es sein, dass wir zwar alles für das Wohlbefinden unserer Kinder tun (Mahlzeiten, Hausaufgaben, Biorhythmus etc.), ihnen aber gerade die Art von Aufmerksamkeit versagen, die sie am dringendsten benötigen, nämlich zu spüren, dass sie:

GEHÖRT WERDEN → **VERSTANDEN UND BEGLEITET WERDEN** → **EINGEBUNDEN WERDEN UND VERANTWORTUNG BEKOMMEN**

Ständige Verfügbarkeit lässt sich natürlich nicht auf Dauer gewährleisten, zumindest nicht, ohne sich „auffressen" zu lassen. Allerdings können Sie bestimmen, in welchen bestimmten Momenten Sie verfügbar sein möchten und in welcher Form:

SOBALD NÖTIG DURCH AKTIVES ZUHÖREN

1 Bauen Sie Blickkontakt zu Ihrem Kind auf.

2 Hören Sie aufmerksam zu, ermutigen Sie es und sehen Sie von Kritik, Wertungen und Ratschlägen ab.

Ach, echt?

Erzähl mir mehr!

Wow, ist ja unglaublich!

3 Stellen Sie interessierte Fragen.

4 Versuchen Sie, es zu verstehen.

Und, was hast du geantwortet?

Und, wie hast du dich gefühlt, als er das gesagt hat?

ACHTUNG! Aktives Zuhören lässt sich zwar gut mit einfachen Tätigkeiten wie Bügeln, Gemüse schnippeln etc. vereinbaren, jedoch nicht mit komplexeren Aufgaben, die Sie stärker in Anspruch nehmen, zum Beispiel E-Mails lesen, eine SMS beantworten etc.

AUF LANGE SICHT, INDEM SIE:

FESTE ZEITEN VEREINBAREN*:
Lassen Sie dann das Kind entscheiden, wie genau Sie diese gemeinsame Zeit verbringen.

Bestimmen Sie Zeitabläufe im Vorfeld, damit Ihr Kind LERNT, SICH ZU KONTROLLIEREN.

Mama, spielst du Lego mit mir?

Jetzt nicht, aber erinnerst du dich, dass wir eine Zeit nach dem Essen ausgemacht haben?

Die Zeitfenster müssen klar definiert sein, damit es LERNT, SIE EINZUHALTEN.

Währenddessen sollten Sie das Kind das Spiel bestimmen lassen, damit es SEIN BEDÜRFNIS NACH KONTROLLE stillen kann.

Wir haben gesagt, dass du der Böse bist und ich der Gute!

Okay, du bist der Chef!

Und wie böse darf ich sein?

nicht gestört werden (Telefon ausstöpseln, Geschwister beschäftigen etc.), damit das Kind sein BEDÜRFNIS NACH AUFMERKSAMKEIT stillen kann.

FAMILIENZEITEN FESTLEGEN*:
Tauschen Sie sich regelmäßig und zu festgelegten Zeiten aus, damit alle Familienmitglieder in Ruhe Probleme besprechen und lösen können, und auch, um gemeinsam Unternehmungen, Ausflüge etc. zu planen.

Kinder entwickeln in solchen Momenten ein Zugehörigkeitsgefühl, lernen, ihren Teil beizutragen und finden Schritt für Schritt ihren Platz in der Familie.

* Mehr hierzu können Sie in Jane Nelsens Buch *Kinder brauchen Ordnung* nachlesen.

Wenn sich Kinder widerborstig verhalten, um ihren Kopf durchzusetzen, kann es schnell zu einem Kräftemessen kommen. Auf keinen Fall nachgeben!, heißt hier die Devise.

Unsere Kinder folgen dabei natürlich keiner Devise. Sie wollen sich einfach nur durchsetzen, sich in ihrer Eigenständigkeit bestätigen, und zwar gnadenlos und ungeachtet aller Konsequenzen!

Folgende Faktoren könnten für dieses Verhalten eine Rolle spielen:

Das Kind fühlt sich in seinen Bedürfnissen nicht angenommen

Zu viel oder zu wenig Autorität

Wenn es sich weigert, bekommt es mehr Aufmerksamkeit, als wenn es sich fügt.

Die Eltern streiten sich in Bezug auf die Kinder

WEIGERUNG

Gestörtes Vertrauensverhältnis

Sagt NEIN und macht es nicht

Sagt JA, macht es aber nicht

Sagt NEIN, macht es aber trotzdem

Generell gilt: Es macht nie Sinn, sich auf ein Kräftemessen einzulassen, auch wenn die Folgsameren unter den Kindern sich am Ende unterwerfen. Sensible und empfindliche Kinder werden jedoch immer verstört reagieren. Wählen Sie daher lieber einen anderen Weg:

1 Sorgen Sie dafür, dass sich die Situation nicht unnötig aufheizt und alle wieder einen klaren Kopf bekommen:

Zimmer verlassen

tief durchatmen

mit Humor reagieren

mit der Hand stoppen

2 Zeigen Sie Verständnis, damit das Kind spürt, dass Sie auf seine Bedürfnisse eingehen, auch wenn Sie anderer Meinung sind.

3 Nehmen Sie Ihr Kind in die Verantwortung.

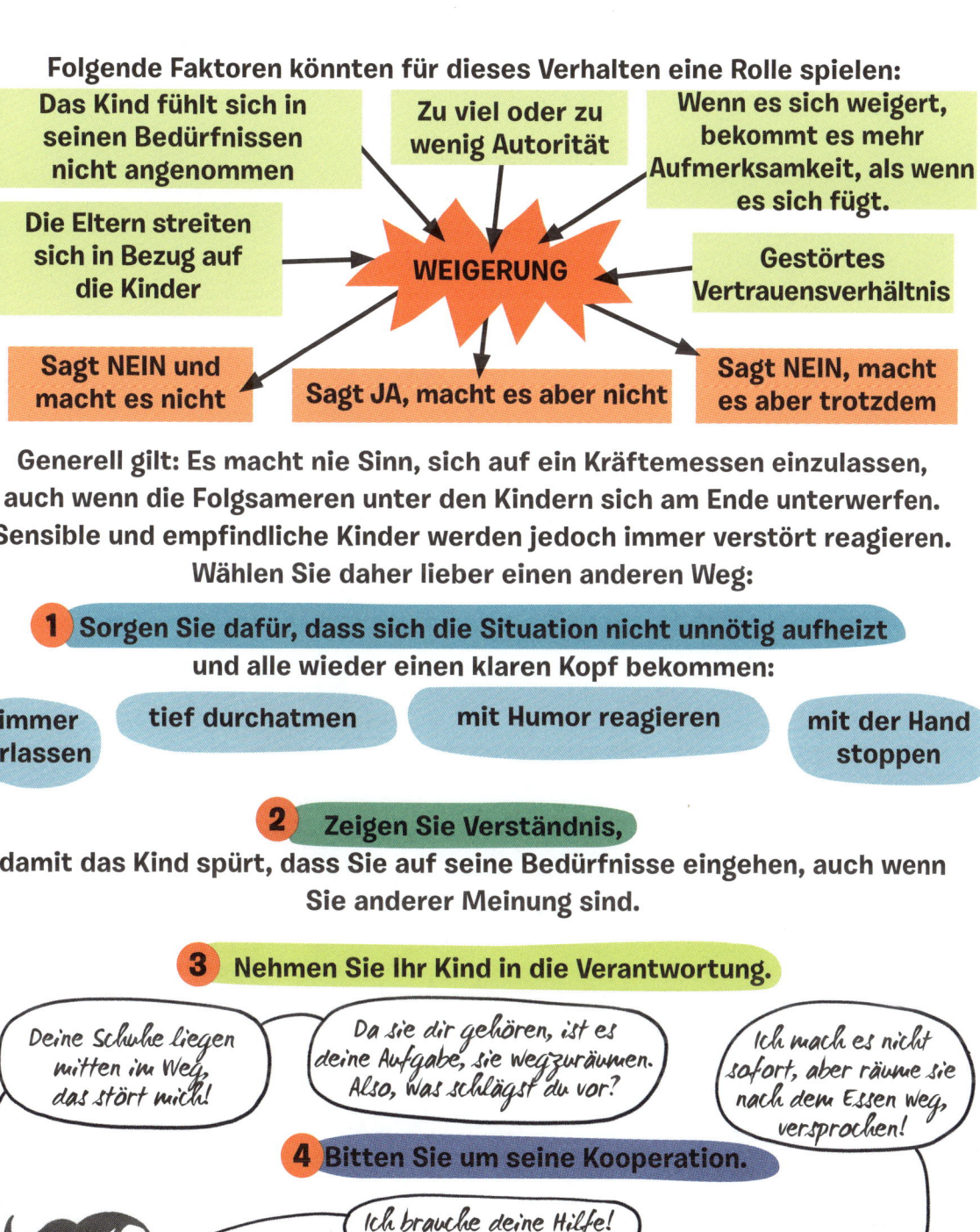

Deine Schuhe liegen mitten im Weg, das stört mich!

Da sie dir gehören, ist es deine Aufgabe, sie wegzuräumen. Also, was schlägst du vor?

Ich mach es nicht sofort, aber räume sie nach dem Essen weg, versprochen!

4 Bitten Sie um seine Kooperation.

Ich brauche deine Hilfe!

5 Besprechen Sie mögliche Konsequenzen.

Okay, so machen wir's! Aber du weißt schon, was passiert, wenn sie nach dem Essen immer noch da liegen?

Äh, du konfiszierst sie?

Genau, eine andere Lösung fällt mir nämlich nicht ein ... dir etwa?

Respektloses Verhalten ist nicht nur inakzeptabel, sondern auch ein deutlicher Hinweis auf ein Problem.

Statt uns auf die Frechheiten zu konzentrieren, die das Kind uns entgegenschleudert, sollten wir lieber herausfinden, weshalb es sich so aufführt.

Kindern ist es wichtig, einen Bezugsrahmen zu haben und ihre Grenzen zu kennen. Überschreiten sie sie, indem sie sich respektlos oder sogar beleidigend verhalten, dann liegt das vielleicht an:

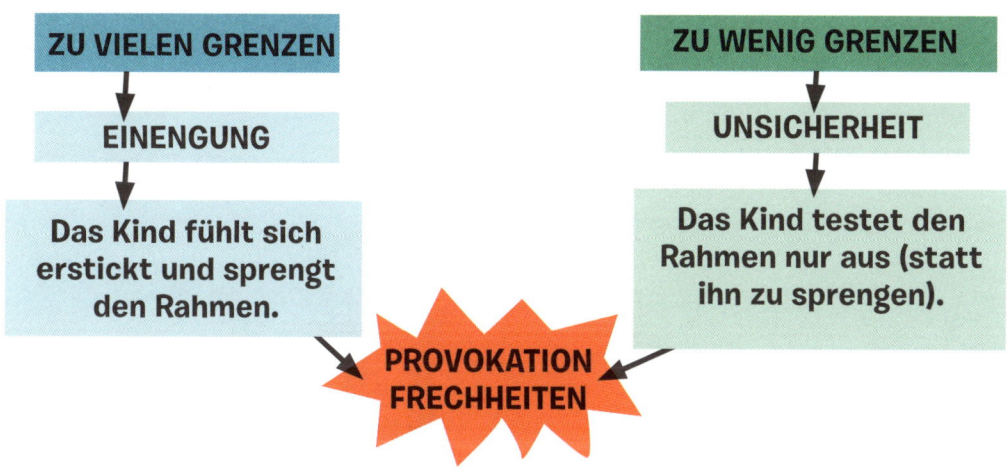

ZU VIELEN GRENZEN

EINENGUNG

Das Kind fühlt sich erstickt und sprengt den Rahmen.

ZU WENIG GRENZEN

UNSICHERHEIT

Das Kind testet den Rahmen nur aus (statt ihn zu sprengen).

PROVOKATION FRECHHEITEN

Die direkte Antwort auf ein solches Verhalten ist zwar naheliegend ...

HALT! Ich akzeptiere nicht, dass du so mit mir redest!

... doch wir sollten auch eine nachhaltige Lösung finden, um Frechheiten wie diese auch in Zukunft zu vermeiden, und uns folgende Fragen stellen:

1 Vertreten wir unsere Standpunkte bestimmt genug, aber auch nachgiebig genug?

Warum war er frech zu mir?

Will er seine Grenzen testen?

Habe ich ihn zu sehr eingeengt?

2 Was hält uns davon ab, strenger oder nachgiebiger zu sein?

Wird Ihr Kind zu schnell erwachsen?

Angst vor Konflikten?

Mangelnde Selbstachtung?

Angst vor Kontrollverlust?

3 Wie können wir strenger oder nachgiebiger werden?

An uns arbeiten

Uns mit unserem Partner ergänzen

Zur Elternberatung gehen

IHR KIND IST ZU LAUT

Wenn Kinder lärmend um uns herumtanzen, müssen wir uns nicht wundern, wenn uns der Kragen platzt.

**Aber was tun, wenn ein „Sei still, du raubst uns den letzten Nerv!"
seinen Zweck nicht mehr erfüllt?**

1 Begnügen Sie sich mit einer NONVERBALEN GESTE,
um das Kind zu beruhigen und wieder
mit seinem Umfeld zu verbinden.

2 Erlauben Sie ihm, den Raum oder Tisch zu verlassen,
um seine ANGESTAUTE ENERGIE LOSZUWERDEN.

> Wenn du dich an deiner Gitarre abreagieren
> möchtest, dann in deinem Zimmer bei geschlossener
> Tür, oder geh raus spielen.

3 BITTEN SIE ES, DIE LAUTSTÄRKE ANZUPASSEN (sein
Instrument leiser zu spielen, leiser zu singen etc.).

> Kannst du uns das auch
> ganz tief und ohne Gitarre
> vorsingen?

> Kannst du das auch in
> pianissimo spielen?

4 IGNORIEREN SIE SEINEN LÄRM und SCHENKEN
SIE IHM IHRE AUFMERKSAMKEIT,
damit es begreift, dass es keinen Radau veranstalten
muss, um beachtet zu werden.

Wenn sich Kinder in unsere Gespräche einmischen, uns ins Wort fallen oder andere nicht ausreden lassen, dann bedeutet das, dass sie nicht genug Aufmerksamkeit von uns bekommen und ihre Impulsivität unter Beweis stellen.

Wir fühlen uns sowieso meist schon überfahren, bedrängt, belagert ... was können wir also besser oder anders machen als das, was wir eh schon tun?

Welche Antworten außer „Sei still, ich rede gerade!" gibt es noch?
Wie können wir unseren Kindern mehr Geduld beibringen?

Wenn sie uns ins Wort fallen, weil sie Angst haben zu vergessen, was sie sagen wollten,

können wir es uns für sie merken.

Gib mir ein Stichwort, und ich erinnere dich daran, sobald ich mein Gespräch beendet habe.

Wenn sie drängeln, weil es nicht schnell genug gehen kann,

können wir ihr Zeitgefühl trainieren.

Nimm meine Uhr und warte fünf Minuten, dann bin ich soweit!

Schau auf die Sanduhr: eine Minute!

Ich stelle den Timer, und zwar auf fünf Minuten, okay?

Wenn sie ungeduldig sind,

können wir uns mit ihnen eine Geste überlegen, die ihnen hilft, sich zu zügeln.

lassen wir sie Atemübungen ausführen.

Wenn ich spüre, dass ich ungeduldig werde, drücke ich Zeigefinger und Daumen aufeinander.

Ich atme auf 5 ein und auf 5 wieder aus.

Wenn sie ihren Platz noch nicht gefunden haben, können wir

bei Tisch Redezeiten für jedes Familienmitglied festlegen.

ihre Geschwister dazu anhalten, sie zu integrieren statt auszuschließen.

Sich ständig zu wiederholen, kostet unglaublich viel Energie und führt zu schlimmen Automatismen (wir beginnen sogar zu wiederholen, uns zu wiederholen!).

Doch wie können wir uns aus diesem Teufelskreis befreien und noch dazu Zeit für die anderen Familienmitglieder und uns selbst finden?

Kinder, die spüren, dass wir ihnen vertrauen und die wissen, dass wir uns kümmern, lassen sich fast wie von selbst anleiten.
Sie kennen ihre Aufgaben zum Teil besser, als wir glauben!

1 Entwickeln Sie gemeinsam eine ROUTINE für alle täglich anfallenden Aufgaben.

Checklisten können helfen – mit Fotos oder Zeichnungen, wenn die Kinder noch nicht lesen können.

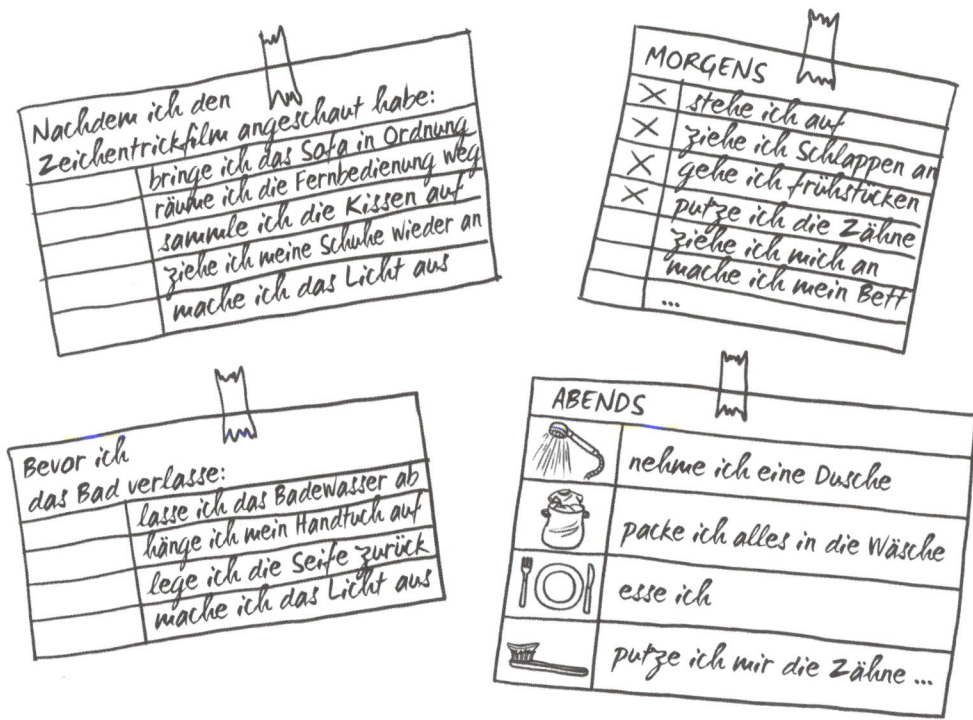

Nachdem ich den Zeichentrickfilm angeschaut habe:
- bringe ich das Sofa in Ordnung
- räume ich die Fernbedienung weg
- sammle ich die Kissen auf
- ziehe ich meine Schuhe wieder an
- mache ich das Licht aus

MORGENS
- ☒ stehe ich auf
- ☒ ziehe ich Schlappen an
- ☒ gehe ich frühstücken
- ☒ putze ich die Zähne
- ziehe ich mich an
- mache ich mein Bett
- ...

Bevor ich das Bad verlasse:
- lasse ich das Badewasser ab
- hänge ich mein Handtuch auf
- lege ich die Seife zurück
- mache ich das Licht aus

ABENDS
- nehme ich eine Dusche
- packe ich alles in die Wäsche
- esse ich
- putze ich mir die Zähne ...

Vergewissern Sie sich, dass jede Aufgabe auch wirklich erledigt werden kann, indem Sie z. B. fragen, was „das Sofa in Ordnung bringen" bedeutet und wie man das genau macht.

Akzeptieren Sie, dass die Umsetzung dauern kann und nicht alles direkt im ersten Anlauf klappt.

2 Stellen Sie Fragen, statt Anweisungen zu erteilen.

3 Beschränken Sie sich auf ein Wort und/oder eine einfache Geste.

4 Seien Sie streng, aber motivierend.

Was können wir tun, wenn wir ausschlafen möchten, der Spruch „Schau dir doch ein Buch an!" nicht mehr funktioniert und wir schon alles Mögliche ausprobiert haben?

Hinter einem „ALLE AUFSTEHEN!" verbergen sich:

UNSICHERHEIT, eine schlechte Erfahrung

UNVERSTÄNDNIS für die Bedürfnisse anderer

Bedürfnis nach AUFMERKSAMKEIT

Bedürfnis nach KONTROLLE

Ich habe Angst, es ist so still, ich komme mir so allein vor ...

Mama und Papa schlafen noch? Warum? Ich bin doch wach!

Huhu, hier bin ich! Kümmert euch um mich!

Ich will, dass alle anderen auch wach sind!

AUSSPRACHE, SONDIERUNG, SUCHE NACH LÖSUNGEN

Was geht in dir vor, wenn du als Einziger wach bist? Was können wir tun, damit du weniger Angst hast?

Stell dir vor, du bist hundemüde und könntest ausschlafen, und wir springen auf dein Bett ... wie würde dir das gefallen?

Wir verstehen ja, dass du Zeit mit uns verbringen möchtest, aber die nehmen wir uns später am Tag, versprochen.

Wir können dich nicht zwingen, im Bett zu bleiben, aber lass uns noch etwas schlafen. Dafür darfst du später das Frühstück organisieren!

Wer hat solche Szenen noch nicht erlebt?

Wenn sich unsere Kinder streiten, fühlen wir uns zu Richtern oder Schiedsrichtern berufen und tendieren von Natur aus dazu, Partei für einen von beiden zu ergreifen ...
Achtung, FALLE!

Wenn Streitigkeiten die Stimmung zum Kippen bringen und alle mit ihren Nerven sichtlich am Ende sind, gibt es immer noch drei **GUTE NACHRICHTEN:**

1 **Wo gehobelt wird, fallen Späne.**

Kräftemessen   Rache   Rechnungen begleichen

Unterlegenheitsgefühl   Überlegenheitsgefühl

Rangordnung   Rivalität

WELCHEN GRUND SIE AUCH IMMER HABEN MÖGEN: KINDER, DIE SICH STREITEN, **SIND KINDER MIT BINDUNG.**

Streit ist gesünder als Desinteresse!
Mit Familien, in denen nicht gestritten wird, stimmt etwas nicht.

2 **Streitigkeiten erlauben unseren Kindern, WICHTIGE KOMPETENZEN ZU ERWERBEN, zum Beispiel:**

argumentieren   Frust abbauen   Kompromisse finden

verhandeln   warten, bis man an der Reihe ist   teilen etc.

3 **Jeder Streit trägt zur ENTWICKLUNG DER SOZIALEN KOMPETENZEN unserer Kinder bei. Umso mehr, wenn wir ihnen dabei helfen!**

Daher gilt, dass manche Auseinandersetzung ignoriert werden kann, während in anderen Fällen eingegriffen werden muss. Der Zeitpunkt für eine Intervention kann jedoch von einem Elternteil zum andern unterschiedlich ausfallen.

erträglich   *Intervention*   unerträglich

Unsere Einschätzung hängt von vielen Faktoren ab: unserer Erziehung, unseren Werten, unseren Gefühlen etc. Wir haben jedoch verschiedene Möglichkeiten, um bei einem Streit möglichst fair und gerecht zu reagieren.

Bei KLEINEREN STREITIGKEITEN

1 **können wir unsere Kinder den Streit ausfechten lassen.**

Sie beim kleinsten Anlass zu trennen,
trägt nicht zur Ausbildung ihrer sozialen Kompetenzen bei.

2 **zeigen wir, dass wir sie im Blick haben.**

80% der Streits verfolgen den Zweck, die (wenn auch negative)
Aufmerksamkeit der Eltern zu erregen.

> Regelt das unter euch, aber vergesst nicht: Ich hab euch im Blick!

3 **sagen wir, dass wir darauf vertrauen,**
dass sie ihre Probleme
unter sich lösen können.

> Ihr findet sicher selbst eine Lösung, die euch beiden zusagt.

4 **zwingen wir uns dazu, NICHT ZU INTERVENIEREN!**
Im Notfall beißen wir uns auf die Zunge oder verlassen den Raum.

Wenn wir anfangen, jeden Streit für unsere Kinder zu lösen, werden sie nie
etwas aus ihren Konflikten lernen.

> Euer Gezanke nervt, ich geh mal ein Zimmer weiter.

> Ihr seid zu laut, streitet euch woanders weiter!

Sollte eine Auseinandersetzung eskalieren, körperliche und/oder verbale Gewalt ins Spiel kommen oder einer der Streithähne seine Macht missbrauchen, müssen wir **INTERVENIEREN**, aber unter Beachtung dieser Punkte:

1 Indem wir als **VERMITTLER** und/oder **SCHLICHTER** auftreten.
Wenn wir hingegen wie ein Richter oder Schiedsrichter intervenieren, sind wir immer **UNGERECHT**.

Oder wissen Sie etwa immer, wer angefangen hat?
Anders formuliert:
Wer war zuerst da, die Henne oder das Ei?

Merken Sie sich: Sie können nicht alles wissen und kennen nur die Spitze des Eisberges bzw. sehen nur, was an der Oberfläche ist!

2 Indem wir **KEINE PARTEI ERGREIFEN**.
Beide Kinder sitzen im selben Boot.

Umgehen Sie es, Partei zu ergreifen, indem Sie die Beschuldigungen Ihrer Kinder umformulieren und sich ausschließlich an die Fakten halten.

3 Indem wir das **VERHALTEN** nicht mit unseren Kindern gleichsetzen und ein anklagendes „Du" vermeiden.

4 Indem wir sie bitten, sich zu **TRENNEN**, bis sie sich wieder beruhigt haben, damit sie sich danach in Ruhe aussprechen können.

5 Indem wir einen **MEINUNGSAUSTAUSCH** vorschlagen (aber nur, wenn sie noch klar denken können, ansonsten, wenn sie sich beruhigt haben), damit sie ihre Gefühle in Worte fassen können.

6 Indem wir sie gemeinsam entscheiden lassen, wie sie ihren Streit beilegen, und sie nach einer langfristigen **LÖSUNG** suchen lassen.

Seien Sie sich immer der Tatsache bewusst, dass Ihr eigenes Verhalten in Konfliktsituationen das Ihrer Kinder auf lange Sicht beeinflussen wird. Sollte es dennoch dazu kommen, dass Sie einmal ausrasten, können Sie sich immer noch bei Ihrem Kind entschuldigen ... sobald Sie sich wieder beruhigt haben, versteht sich!

IHR KIND HAT SCHWIERIGKEITEN MIT ANDEREN

IST ES WOHL!
Mit anderen in Kontakt zu treten und den Kontakt auch zu halten, gehört zu den aufregendsten und wunderbarsten, aber auch schwierigsten aller menschlichen Unternehmungen!

Tja, SO EINFACH IST ES ABER NICHT,
besonders für Kinder, deren soziale Kompetenzen nicht sehr ausgeprägt sind!

Wenn Kindern die Interaktion mit anderen Kindern schwerfällt, kann das viele Gründe haben:

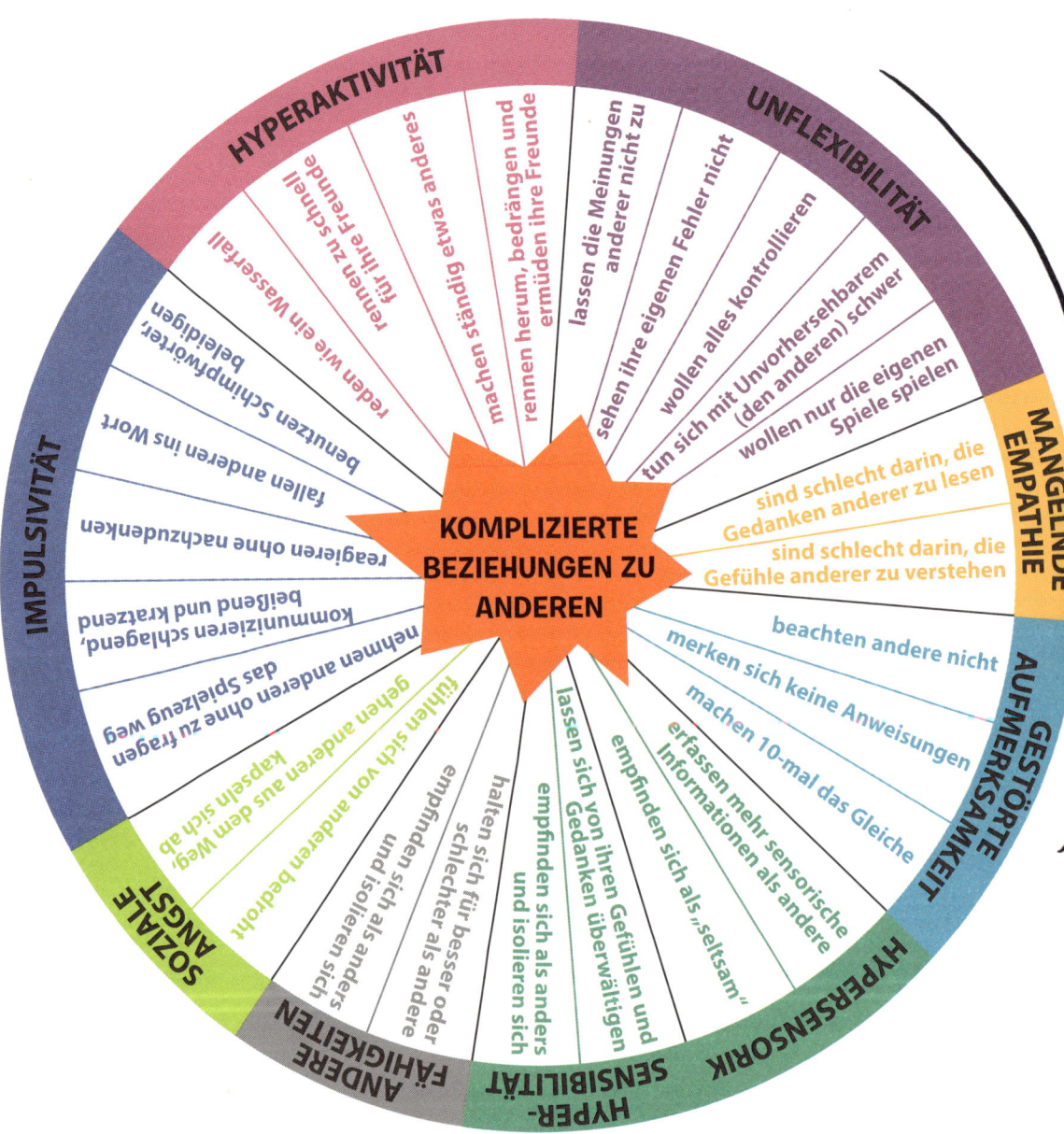

Je mehr Verhaltensweisen aus diesem Rad (um nur einige zu nennen) auf Ihr Kind zutreffen, desto schwieriger wird ihm der Umgang mit anderen Kindern fallen, was sich unmittelbar auf sein Selbstwertgefühl auswirkt.

Und so wirkt sich das Ganze aus:

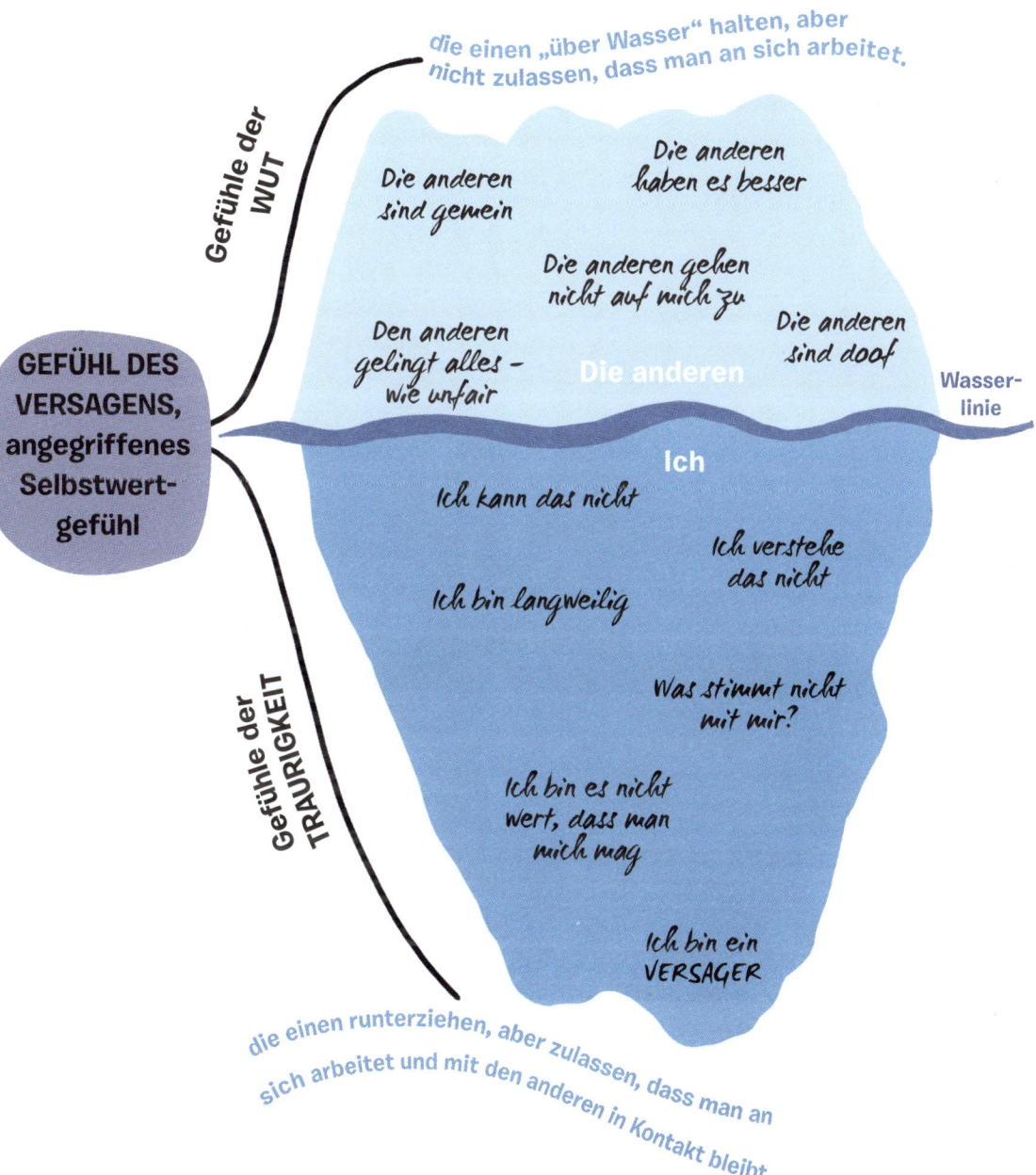

Die anderen sind gemein

Die anderen haben es besser

Die anderen gehen nicht auf mich zu

Die anderen sind doof

Den anderen gelingt alles – wie unfair

Die anderen

Gefühle der WUT

die einen „über Wasser" halten, aber nicht zulassen, dass man an sich arbeitet.

Wasser-linie

GEFÜHL DES VERSAGENS, angegriffenes Selbstwert-gefühl

Ich

Ich kann das nicht

Ich verstehe das nicht

Ich bin langweilig

Was stimmt nicht mit mir?

Ich bin es nicht wert, dass man mich mag

Ich bin ein VERSAGER

Gefühle der TRAURIGKEIT

die einen runterziehen, aber zulassen, dass man an sich arbeitet und mit den anderen in Kontakt bleibt.

Als Eltern sehen wir meist nur den Teil des Eisbergs, der aus dem Wasser ragt (und den wir leider auch fördern, indem wir selbst immer wieder sagen, dass es „die anderen sind, die ..."), und vergessen den Teil unter Wasser, der schmerzhafter ist und versteckter, aber den Bereich darstellt, an dem wir wirklich arbeiten können und müssen.

Damit Ihr Kind über Wasser bleibt, sollten Sie es ausgehend von seinen Stärken, Begabungen und Fertigkeiten dazu ermutigen, weitere Kompetenzen auszubilden, die sich positiv auf seine sozialen Bindungen auswirken.

Ihr Kind hat viele Facetten, die Sie alle in Betracht ziehen sollten, um zu verstehen, was in ihm vorgeht und es belasten könnte:

Ist es sozial ÄNGSTLICH*,

helfen Sie ihm, sich zu entspannen, seine übertriebene Wachsamkeit abzulegen und sich mit seinen Gefühlen auseinanderzusetzen, wenn es mit anderen interagiert.

Mit Entspannungstechniken, damit es seine Angst in den Griff bekommt.

Indem Sie einen Freund nach Hause einladen und die Interaktion begleiten.

Indem Sie es ermuntern, auf andere zuzugehen, es aber immer in seine Komfortzone zurückkehren lassen, wenn es nötig ist.

Indem Sie seine Computerzeit etc. zugunsten realer Interaktion reduzieren.

*Dies wird häufig mit hochbegabten Kindern und/oder Kindern mit Aufmerksamkeitsstörungen in Verbindung gebracht.

Ist es IMPULSIV und/oder UNBEHERRSCHT,

sollten Sie ihm helfen, sich in Geduld zu üben, zu warten, bis es an der Reihe ist sowie sich im Beisein anderer bzw. im Umgang mit anderen zu beherrschen.

Mit Rollenspielen, damit es lernt, wie es sich anfühlt, wenn einem z. B. jemand ins Wort fällt.

Indem Sie gemeinsam überlegen, was ihm helfen könnte, sich zu gedulden: auf der Stelle hüpfen, Merkzettel zum Notieren seiner Einfälle etc.

Indem Sie Redezeiten einführen (bei Tisch, im Auto, bei Gesellschaftsspielen), an die es sich zu halten hat.

Indem Sie ihm Atemübungen beibringen (mit Internetvideos, Apps etc.), die es täglich ausführt, damit es lernt, sich zu kontrollieren.

Ist es HYPERAKTIV,

sollten Sie ihm helfen, sein Tempo und seine Energie an die jeweilige Situation oder Person anzupassen.

Mit Yoga, Meditation oder Atemtechniken, damit es lernt, auf sich und seinen Körper zu achten.

Mit Achtsamkeitsübungen oder der Vittoz-Methode (beides unter Anleitung), damit es lernt, sich zu regulieren.

Indem Sie seinen Zuckerkonsum reduzieren.

Indem Sie es körperlich auslasten.

Mit Vergleichen, z. B. ein Rennfahrer, der bremsen muss.

Ist es mental UNFLEXIBEL,

sollten Sie ihm helfen, sich auf andere einzustellen, andere Vorstellungen zuzulassen, andere so zu akzeptieren, wie sie sind sowie körperlich und damit auch geistig beweglicher zu werden (da alles miteinander zusammenhängt!).

Mit Theater und Improvisationsspielen, damit es lernt, sich auf andere einzulassen und kreativ zu sein.

Mit Gesellschaftsspielen wie Pictionary, Time's up!, Schach etc.

Mit interaktiven Sportarten, die für mehr Beweglichkeit sorgen, wie Kampfsportarten, Capoeira, Paartanz etc.

Ist es NICHT EMPATHISCH GENUG,

sollten Sie ihm helfen „zu fühlen" und „zu verstehen", zu begreifen, dass jeder anders ist.

Indem Sie ihm Animationsfilme zeigen (z. B. *Alles steht Kopf, Oben* etc.), in denen Figuren menschliche Gefühle zum Ausdruck bringen, damit es lernt zu fühlen, was andere fühlen.

Indem Sie ihm gefühlvolle Geschichten vorlesen und den Bogen zur Realität schlagen.

Indem Sie ihm im Alltag und zu Hause dabei helfen, die Gefühle anderer zu benennen.

Ist es UNAUFMERKSAM,

sollten Sie ihm dabei helfen, einen bewussteren Umgang mit anderen zu pflegen.

Schärfen Sie sein Bewusstsein, indem Sie aufmerksam zuhören, wenn es Ihnen von seinen Erlebnissen berichtet, und stellen Sie Fragen, damit es lernt, sich strukturiert und verständlich auszudrücken.

Indem Sie darauf achten, dass es nichts verdreht, wenn es aufgewühlt ist, oder Aspekte „vergisst", die für das Verständnis und den tatsächlichen Ablauf wichtig sind.

Indem Sie gemeinsam rekapitulieren und ihm erklären, was ihm entgangen ist.

Indem Sie ihm zeigen, wie ihm bestimmte Erfahrungen beim nächsten Mal helfen können.

Ist dir denn nicht aufgefallen, dass du in dem Moment zu sehr gedrängelt hast?

Ist es HYPERSENSIBEL,

sollten Sie ihm dabei helfen, seine Emotionen zu filtern, damit es sich nicht von seinen Gefühlen überschwemmen lässt.

Zeigen Sie ihm, wie das menschliche Auge auf natürliche Weise das Licht filtert, und erklären Sie ihm, dass es seine Filter ebenfalls anpassen kann, wenn seine Gefühle es zu übermannen drohen.

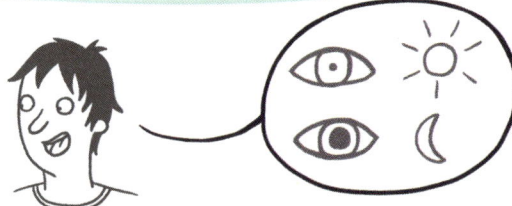

Wenn deine Filter alle Emotionen einfach durchlassen, kann das deine Eindrücke, Gedanken und Gefühle total durcheinanderwirbeln.

Helfen Sie ihm, eine schützende Hülle aufzubauen, an der die anderen abprallen.

Helfen Sie ihm, seine Emotionen besser in den Griff zu bekommen: mit Kampfsportarten, Yoga, Meditation, Chigong, Atemübungen etc.

Ist es HYPERSENSORISCH,

sollten Sie ihm dabei helfen, seine ungewöhnlichen Sinneseindrücke zuzulassen und mit ihnen zu leben. Akzeptanz ist der erste Schritt, um Blockaden zu überwinden.

> Du riechst vielleicht alle fiesen Gerüche, aber dafür auch die tollen!

> Du hörst zwar schlecht, aber dafür kannst du von den Lippen lesen.

Sprechen Sie alle seine Sinne an statt nur die untypischsten: mit Geschmacks-, Geruchs- und Tastspielen, Memory, Kinetic Sand etc.

Sprechen Sie seine Sinne spielerisch an, z. B. seinen Tastsinn mit Modellieren, Backen, im Sand spielen etc.

Ist es HOCHBEGABT oder ANDERWEITIG BEGABT,

sollten Sie ihm zeigen, wie ihm seine spezielle Begabung in der Interaktion mit anderen einen Streich spielen kann und wie es solche Fallen umgehen kann, um allen Unterschieden zum Trotz starke Bindungen aufzubauen. Wenn das Kind es mag, über Dinge zu sprechen, können Sie ihm erklären, dass:

- seine Denkweise sich von der anderer unterscheidet
- seine Begabungen andere neidisch machen können
- sein Gerechtigkeitssinn übertrieben ist
- seine Manien es von anderen trennen
- sein extremer Scharfsinn und seine Hypersensibilität es von anderen abheben
- seine Gedanken übersättigt sind und seine Interaktion erschweren

Denken Sie immer daran, dass es oft einen langen Atem braucht, um diese Kompetenzen anzulegen, und dass manche Ihrer Bemühungen erst sehr spät Früchte tragen werden.

Berücksichtigen Sie auch, dass Jungs in ihrer sensorischen und motorischen Entwicklung (Neocortex, S. 57) ganze zwei Jahre hinter Mädchen zurückliegen und dass Kinder mit ADHS sogar drei Jahre hinter Kindern zurückliegen, die sich typischer entwickeln.

IHR KIND HAT KEINE FREUNDE

Ihr Kind hat nicht keine Freunde, sondern NOCH KEINE FREUNDE!
Unterstützen Sie es daher in der Entwicklung seiner interpersonalen
Intelligenz (siehe S. 92–93).

Denken Sie immer daran, dass Ihre eigene Sozialisierung ausschlaggebend für die soziale Entwicklung Ihres Kindes ist, denn je intensiver Sie am sozialen Leben teilnehmen, desto leichter wird es ihm fallen, sich selbst zu integrieren.

Damit es also Freunde findet, sollten Sie ...

1 nicht zögern, vor/nach Schule/Kindergarten den KONTAKT ZU ANDEREN ELTERN ZU SUCHEN.

2 versuchen, die LAGE aus VERSCHIEDENEN BLICKWINKELN zu betrachten:

Indem Sie ihm vorbehaltlos zuhören, ohne dabei seinen Freunden recht oder unrecht zu geben.

Indem Sie seine Lehrer oder andere Erwachsene (Erzieher, außerschulische Betreuer etc.) um Rat fragen, die es in anderen Kontexten erleben.

3 seine Probleme berücksichtigen und seine INTERAKTIVEN KOMPETENZEN schulen:

Indem Sie verstärkt im Alltag mit Familienmitgliedern üben.

Indem Sie einen Spielkameraden nach Hause einladen (siehe nächste Seite).

Indem Sie interaktive Aktivitäten wie Theater, Pantomime, Singen, Gemeinschaftssport etc. in den Vordergrund stellen.

Indem Sie bei einer Diagnose wie ADHS, Asperger, Dyslexie etc. seinen Freunden, Schulkameraden etc. die Symptome erläutern (natürlich nur mit dem Einverständnis Ihres Kindes).

Indem Sie auf professionelle Hilfe zurückgreifen, in Einzelsitzungen (Psychologe, Kinderpsychologe, Heil-/Sonderpädagoge, Logopäde etc.) oder Gruppensitzungen (Spiel-/Paartherapie etc.).

Nach mehreren schlechten Erfahrungen kann einem schon mal die Lust vergehen, Spielkameraden nach Hause einzuladen!
Trotzdem werden soziale Kompetenzen idealerweise in den eigenen vier Wände erworben.

Allerdings sollte das Projekt, einen Spielkameraden nach Hause einzuladen, nicht zu verbissen betrieben werden ...

Wenn Kinder Schwierigkeiten im Umgang mit anderen Kindern haben, ist es sehr wichtig, die Sache langsam anzugehen:

LADEN SIE DAHER IMMER NUR EIN KIND EIN!

Sobald der Spielkamerad da ist, sollten Sie:

1 sich Zeit nehmen und den beiden Gesellschaft leisten, um während des Spiels oder dazwischen regulierend eingreifen zu können und ihre Interaktion zu fördern.

2 Spiele vorschlagen, die sich positiv auf ihre SOZIALE KOMPETENZ auswirken.

Mit KREATIVAUFGABEN lernen sie, sich Seite an Seite zu entfalten und an der Gesellschaft des anderen zu erfreuen.

Also, Kinder, wollen wir ein Brettspiel spielen?

Danach können wir zusammen Pfannkuchen machen.

Mit GESELLSCHAFTSSPIELEN lernen sie zu warten, bis sie an der Reihe sind, sich an die Spielregeln zu halten und Enttäuschungen wie eine Niederlage zu verarbeiten.

Mit ALLTAGSAUFGABEN (Küchen-, Gartenarbeit etc.) lernen sie zu kooperieren und die reale Welt einzubinden.

Mit SYMBOLSPIELEN (Als-ob-Spielen) lernen sie, zwischen Realität und Fiktion zu unterscheiden und Spielpartner zu integrieren.

3 Denken Sie immer daran, sich bei einem Konflikt oder einer Auseinandersetzung lediglich als MEDIATOR/MODERATOR einzuschalten.

IIHR KIND WIRD NICHT ZUM GEBURTSTAG EINGELADEN

Für Eltern gibt es nichts Schlimmeres, als ihr Kind im Abseits stehen zu sehen. In solchen Momenten fühlt man sich versucht, den Fehler bei den anderen zu suchen, doch würde eine solche Einstellung das Problem nur verschärfen.

Helfen Sie ihm, seine Enttäuschung zu verarbeiten, indem Sie:

1 **VERSTÄNDNIS ZEIGEN,**
immer wieder.

> Jetzt bist du echt enttäuscht, mein Großer ...

> Was könnten wir denn tun, damit du doch noch eingeladen wirst?

2 ihm vorsichtig **HELFEN ZU VERSTEHEN,**
warum sein Verhalten andere manchmal verärgern
könnte, indem Sie die Rollen tauschen:

> Hättest du denn Lust, ein Kind einzuladen, das viel herumzappelt und zu laut spricht?

> Und deine Geburtstagskerzen ausbläst?

> Oder das vor dir mit deinen neuen Geschenken spielt?

3 es **UNTERSTÜTZEN**
und **ERMUTIGEN.**

> Heute ist ein doofer Tag, ich weiß, aber wir arbeiten dran.

> Samstag laden wir Tom zum Spielen ein.

> Das wird, du wirst schon sehen.

4 seine Fortschritte zuhause ausbauen
und andere Mütter und Kinder
um Mithilfe bitten.

**Sorgen Sie dafür, dass der GEBURTSTAG IHRES KINDES zu einem schönen
Erlebnis wird, indem Sie:**

1. Einladungen im Voraus verschicken.

2. sogar die Kinder einladen, die Ihr Kind nicht zu ihrem Geburtstag eingeladen haben.

3. die Bestätigung der Eltern einholen.

4. das Ereignis auf ihr Kind zuschneiden (das zu viele Gäste vielleicht nicht erträgt).

5. für ausreichend „Personal" sorgen (Partner, Geschwister, Freundin, Opa/Oma etc.).

Kinder, deren Selbstwertgefühl erschüttert ist, entwickeln unbewusst zwei unterschiedliche Strategien: sie mobben oder werden gemobbt.

Je nach Situation übernehmen Kinder die Rolle des Anführers oder die des Mitläufers.

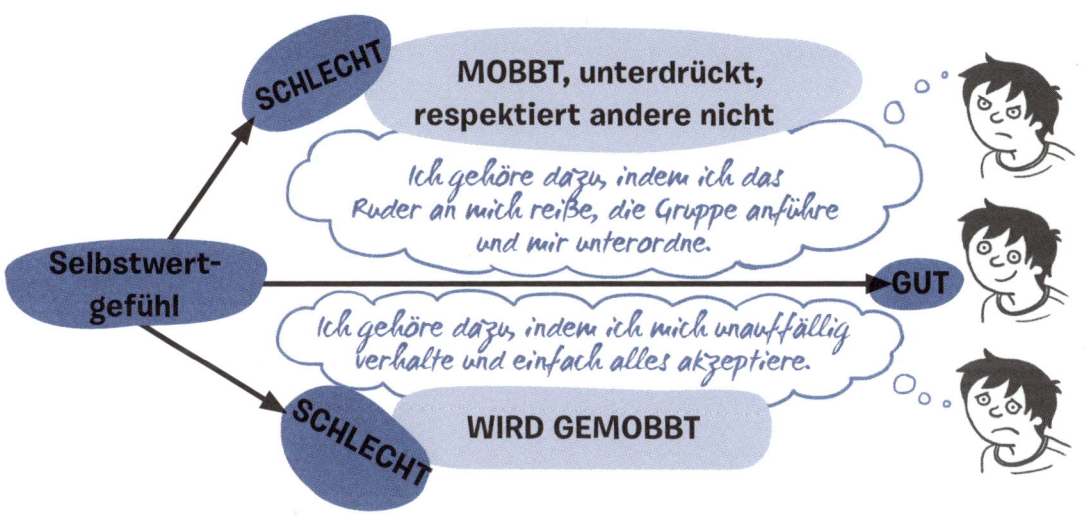

Selbstwert-gefühl

SCHLECHT — MOBBT, unterdrückt, respektiert andere nicht

Ich gehöre dazu, indem ich das Ruder an mich reiße, die Gruppe anführe und mir unterordne.

GUT

Ich gehöre dazu, indem ich mich unauffällig verhalte und einfach alles akzeptiere.

SCHLECHT — WIRD GEMOBBT

Menschen sollten sich immer auf einer Ebene und mit gegenseitigem Respekt begegnen. **JEDER IST ANDERS, ABER GLEICH VIEL WERT.**

Um sich Respekt zu verschaffen, muss das Kind sich **SELBST RESPEKTIEREN.**

Kinder, die UNTERDRÜCKT/GEMOBBT werden, brauchen viel Zuwendung, bis sie:

spüren, dass sie sich selbst schützen können.

Du bist viel mehr wert als du denkst.

lernen, anderen Kindern Grenzen aufzeigen, die aber mit der Zeit verschoben werden können.

Du musst nicht alles akzeptieren, weißt du.

Sag Tom, dass du nicht mehr sein Freund sein kannst, wenn er weiter so mit dir spricht.

lernen, NEIN zu sagen. Nur ein überzeugtes NEIN entfaltet auch seine Wirkung (üben Sie mit situativen Rollenspielen).

lernen, dass man mit einem NEIN andere verlieren kann, das Risiko aber manchmal eingehen muss.

Los, hau mir ein „NEIN" um die Ohren!

Kinder, die andere UNTERDRÜCKEN/MOBBEN, stellen eine große Herausforderung für ihre Eltern dar,

die ihre Enttäuschung unterdrücken und gleichzeitig das Verhalten ihres Kindes streng bestrafen müssen, ohne es zu verurteilen, damit es sich ändert und lernt, dass man seinen Platz in der Gruppe auch ohne zu mobben finden kann.

IHR KIND IST AGGRESSIV

Wenn Kinder sich durch Gewalt ausdrücken (ob nun verbal oder physisch), bedeutet das, dass sie **NOCH** keine anderen Mittel gefunden haben, um sich auszudrücken.

| wird/fühlt sich ausgeschlossen | wird/fühlt sich ungerecht behandelt | wird/fühlt sich ausgelacht | fühlt sich unverstanden |

AGGRESSIVES VERHALTEN

| ist gehemmt, frustriert, genervt von den anderen | ist unsicher, fühlt sich bedroht, herausgefordert, provoziert |

Welche Gefühle sich auch immer hinter seinem Verhalten verbergen (Angst, Wut, Scham etc.), und wie auch immer der Kontext (eingebildet oder real): Ihr Kind gibt Ihnen zu verstehen, dass es alleine nicht klarkommt. Helfen Sie ihm, indem Sie

1 ihm erklären, dass es nicht an ihm (!), sondern an seinem FEHLVERHALTEN liegt, und dass sie gemeinsam DARAN ARBEITEN werden.

2 ihm zeigen, dass es ANDERE OPTIONEN als Draufhauen gibt, die Sie gemeinsam entdecken werden und unter denen es AUSWÄHLEN kann.

3 ihm dabei helfen, seine emotionalen Regungen ZU VERSTEHEN und sich näher mit ihnen zu befassen (siehe Beschreibung des Gehirns, S. 57).

4 ihm neues SELBSTVERTRAUEN geben, ihm sagen, dass es das schaffen kann, und es AUFBAUEN, indem sie es auch auf kleine Fortschritte hinweisen.

> Ui, heute hast du es fast bis sieben Uhr ohne Draufhauen geschafft!

> Siehst du, geht doch!

Denken Sie immer daran, dass Kinder, die ADHS haben, sich besonders schwer damit tun, ihre Impulse zu zügeln, und erklären Sie ihnen, dass sie genau deswegen umso mehr an sich arbeiten müssen.

IHR KIND SCHEINT SCHLECHT ERZOGEN

Seine Erziehungsmethoden im Alltag umzusetzen, ist schon stressig genug, vor allem wenn man flinke, beratungsresistente Kinder hat, doch wenn man dabei auch noch kritisch beäugt wird, fällt einem plötzlich gar nichts mehr ein!

Versuchen Sie, missbilligende Blicke zu ignorieren, die Sie davon abhalten, angemessen auf das Verhalten Ihres Kindes zu reagieren,

1 indem Sie strenger als üblich reagieren.

Wenn Sie reagieren, werden sie weniger kritisiert.

> Leg den Keks zurück und warte, bis alle da sind!

2 indem Sie dazu stehen, dass der Elternberuf hart ist, und indem Sie Ihr Bestes geben.

Die anderen sehen immer nur einen Auszug Ihrer Bemühungen und nicht, was Sie sonst noch alles für Ihre Kinder tun. Alleine das Impulsverhalten Ihrer Kinder zu steuern, ist ein hartes Stück Arbeit.

3 indem Sie sich vor Kritik schützen.

Schalten Sie auf Durchzug und ziehen Sie sich, wenn nötig, in Ihre eigene Schutzhülle zurück. Akzeptieren Sie nur konstruktive und wohlwollende Kritik.

> Bemerkungen wie diese sind nicht gerade hilfreich!

4 indem Sie kein mustergültiges Verhalten von Ihrem Kind erwarten und sich selbst nicht unter Druck setzen lassen.

Kinder saugen Gefühle wie Schwämme auf und „fühlen" uns. Je höher der Druck, unsere Kinder regelkonform zu erziehen (vor allem unter den kritischen Blicken unserer Freunde und Bekannten), desto schneller brennen ihnen die Sicherungen durch!

ZEHN RATSCHLÄGE FÜR EINE GELUNGENE ERZIEHUNG

Natürlich geht es nicht darum, alle Ratschläge eins zu eins umzusetzen, sondern unser Bestes zu geben, aus unseren Fehlern zu lernen, niemals aufzugeben und uns über jedes Erfolgserlebnis zu freuen, das sich einstellt (und davon gibt es mehr als genug, man muss nur genau hinsehen)!

Dieses sechste und letzte Kapitel soll uns dabei helfen, unseren Anstrengungen Perspektive zu geben, sie in einen sinnvollen Zusammenhang zu stellen.

Es lädt uns ein, innezuhalten und bewusster hinzusehen, bevor wir die Entwicklung unserer Kinder vorantreiben, indem wir auf ihren Fähigkeiten aufbauen und sie ermutigen.

Es erinnert uns daran, wie wichtig es ist, die Bedürfnisse zu erkennen, die sich hinter unerwünschtem Verhalten verbergen, und wie wichtig Selbstregulation (für Eltern und Kinder) sowie eine strenge, aber fürsorgliche Erziehung sind.

Nicht zuletzt macht es uns die Notwendigkeit einer starken Bindung bewusst, aber auch, dass wir die Zeit für uns arbeiten lassen und uns immer auf das Wesentliche konzentrieren sollten, sprich auf das, was für uns persönlich am meisten Sinn macht.

Wir leben in einer rastlosen, sich schnell verändernden Welt.

Wir sind immer unter Zeit- und Termindruck, sehen ständig auf die Uhr.

Wir sind vielbeschäftigt, eilen umher, stehen auf Abruf bereit.

Wir grübeln über die Vergangenheit nach, malen uns ängstlich die Zukunft aus und können die Gegenwart nicht mehr unbeschwert genießen.

Wir sind ständig in Gedanken, denken nach und noch mehr nach, bis wir nichts mehr um uns herum wahrnehmen, weder die Welt noch die Menschen noch unsere Liebsten, und besonders nicht unsere Kinder.

Während sie mit Spielen beschäftigt sind, jagen wir unseren vielen Verpflichtungen hinterher, schließlich erledigen sich die Dinge nicht von selbst!

Die Abende sind kurz, die Wochenenden vergehen wie im Flug, und manchmal finden wir erst im Urlaub wieder die Muße, innezuhalten und unsere Kinder zu beobachten.

Dabei kostet das nicht viel Zeit und lässt sich sehr gut mit mechanischen Tätigkeiten wie Gemüse schnippeln, Wäsche falten, bügeln etc. vereinbaren.

Ob wir nun putzen oder heimlich hinter unserer Zeitung (oder unserem Smartphone) hervorlinsen, es gibt immer etwas Faszinierendes an unseren Kindern zu entdecken.

Beobachten heißt, weder zu denken noch zu interpretieren noch zu verurteilen.

Beobachten heißt, die erstaunlichsten Dinge festzustellen, ohne darüber nach-zudenken, was normal ist und was nicht.
Beobachten heißt, auf wissenschaftlicher Basis wertvolle Informationen zu sammeln und mehr über das untersuchte Subjekt zu erfahren.

Wenn wir uns bewusst neutral verhalten und zurücknehmen, uns nicht ein-mischen und davon absehen, unseren Kindern unseren Willen aufzuzwingen, weil wir ihr Bestes wollen, oder alles im Vorfeld unterbinden, was wir nicht ver-stehen, erhöhen wir unsere Chancen auf **eine starke Bindung**.

Das kann nebenbei geschehen, oder indem wir feste Zeiten einrichten, die wir mit unseren Kindern verbringen.

2. TAUCHEN SIE IN DIE WELT IHRES KINDES EIN UND ARBEITEN SIE AN IHRER BINDUNG

Wenn unsere Kinder klein sind und vor sich hin spielen, ist es doch eigentlich ganz einfach, in ihre Welt einzutauchen.

Ganz einfach ... hm ... **aber nur, solange wir nicht unsere Vorstellungen vom richtigen Spielen auf sie übertragen,** ganz zu schweigen von unseren Vorlieben, schließlich haben wir auch manchmal Lust zu spielen, wenn auch nicht ganz so wie unsere Kinder.

Kapseln sich Kinder noch dazu hermetisch von der Außenwelt ab (ob nun eine autistische Störung vorliegt oder nicht), ist es wichtig, noch einfühlsamer vorzugehen, wenn man Zutritt in ihre Welt erlangen möchte.

Kinder nehmen ihr Spiel sehr ernst: Sie experimentieren, probieren aus, setzen ihren Verstand ein, verarbeiten Erlebnisse, regenerieren, bilden ihre Fähigkeiten aus, regulieren, regen ihre Fantasie an etc., von Spielen zu zweit ganz zu schweigen, bei denen sie zusätzlich lernen zu interagieren und andere zu integrieren.

Indem wir in die Welt unserer Kinder eintauchen, stellen wir die Weichen für unsere zukünftige Beziehung. Wir bekommen von Anfang an mit, wie sie sich und ihre Umwelt wahrnehmen, und können sie, indem wir ihr Verhalten, ihre Launen und Eigenarten beobachten und auswerten, gezielt in ihren Fortschritten und Bindungen unterstützen.

Wie die Neurowissenschaften es heute so schön sagen: **Wir sind komplexe, miteinander verbundene Wesen,** alles steht mit allem in Verbindung, und je leichter es uns fällt, uns unseren Kindern (und damit uns selbst) anzunähern, desto leichter wird es ihnen umgekehrt auch fallen. Darüber aber später mehr.

Wenn unsere Kinder älter werden und langsam lernen, sich in der Realität zu verankern, ändert sich auch die Natur der Eltern-Kind-Beziehung. Wir fangen an, uns ihnen in Gesprächen und Fragen zu nähern, die allerdings keinen „inquisitorischen Anstrich" haben („Welche Note hast du bekommen?", „Warum hast du das gemacht?" etc.), sondern echtes Interesse bekunden sollten („Na, wie war dein Referat?", „Und was ist dann passiert?", „Echt? Erzähl schon!" etc.).

Gesprächsmomente schließen jedoch keinesfalls einen spielerischen Umgang oder andere, „erwachsenere" Beschäftigungen aus: Im Gegenteil, eine Sportart oder andere Aktivitäten gemeinsam zu betreiben, aus Spaß oder um zusammen seine Fähigkeiten und Kompetenzen auszubilden, das sind wundervolle Momente des Austauschs und der Bindung.

Eine weitere, überraschend wirkungsvolle Maßnahme ist, sich ab und zu einen Film mit unseren Kindern anzusehen, der ihnen gefällt, oder ihr aktuelles Lieblingsvideospiel mit ihnen zu spielen, auch wenn wir eigentlich absolut gegen dieses Spiel sind, was wir in diesem Moment jedoch für uns behalten sollten, schließlich geht es uns darum, an unserer Bindung zu arbeiten, und nicht, sie von der Sinnlosigkeit ihres Videospiels zu überzeugen!

Allerdings sind **weder die Art der Aktivität noch die eingesetzten Mittel ausschlaggebend für die Qualität unserer Bindung**. Kinder werden es immer schöner finden, fröhlich zuhause mit Papi und Mami über den Teppich zu robben, als sich durch einen Vergnügungspark voller gestresster Eltern zu quälen.

Aber ob wir nun lieber mit unseren Kindern spielen, wenn sie klein sind, oder es vorziehen, uns mit ihnen zu unterhalten, wenn sie älter sind, die Dynamik ist immer dieselbe: **Wir gehen auf sie zu und auf sie ein, setzen uns mit ihnen auseinander und unterstützen sie in ihrer Entwicklung**.

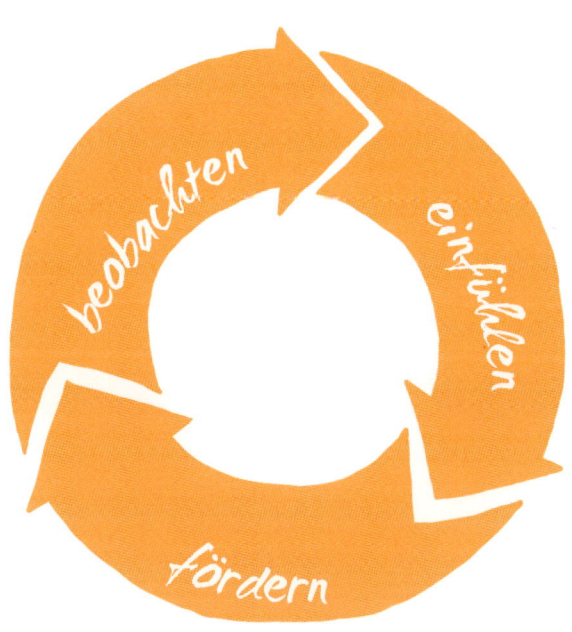

3. FÖRDERN SIE IHR KIND, INDEM SIE AUF SEINEN FÄHIGKEITEN AUFBAUEN

Wenn wir das Gefühl haben, das Seelenleben unserer Kinder (was sie fühlen, denken, verstehen, wie sie sich entscheiden etc.) ausreichend ergründet zu haben und ihre Leistungen, Fähigkeiten und Schwierigkeiten besser einschätzen können, ist es an der Zeit, ihre Entwicklung so dynamisch und flexibel wie möglich voranzutreiben.

Wie in jeder Entwicklung machen Kinder mal einen großen Sprung nach vorne, mal verharren sie auf der Stelle; mal bilden sie manche Kompetenzen fast wie von selbst aus, während sie für andere erheblich länger brauchen.

Manche Kinder haben jedoch generell Schwierigkeiten und benötigen professionelle Hilfe in ihrer Entwicklung, vor allem, wenn eine Störung oder ein Handicap auf einem Gebiet zu starken Einschränkungen in anderen Bereichen führt.

Doch im tiefen Ozean der Dinge, die nicht so gut laufen, ragt auch immer ein Stückchen Land aus dem Wasser, auf dem es deutlich besser läuft.

Insel der Dinge, die gut laufen

Ozean der Dinge, die nicht so gut laufen

In solchen Fällen ist es immer wichtig, mit Nachdruck alles zu fördern, was gesichert ist, was da ist und funktioniert, um nicht unterzugehen (erste lebensrettende Maßnahme!), und im Anschluss dafür zu sorgen, dass das Gesicherte weiter ausgebildet und gefestigt wird (zweite lebensrettende Maßnahme!).

Wenn Kinder Störungen zeigen, die sie in ihrer Entwicklung behindern (ohne dabei direkt von einer tiefgreifenden autistischen Entwicklungsstörung sprechen zu wollen), oder gleich mehrere Störungen (zum Beispiel eine Dyslexie mit Aufmerksamkeitsstörung oder eine Dyspraxie mit Hochbegabung), ist es unerlässlich, sie auf ihrem zwangsläufig beschwerlichen Weg zu begleiten und mit Umsicht und Disziplin anzuleiten.

Oftmals stellt eine Diagnose sogar eine Erleichterung dar, da wir als Eltern die Schwierigkeiten und Blockaden unseres Kindes (und unsere eigenen!) endlich gezielt in Angriff nehmen und die Schulen mit Maßnahmen wie Nachteilsausgleich etc. reagieren können. Gleichzeitig besteht aber auch die Gefahr, dass sich unsere Kinder verschließen bzw. stigmatisiert oder auf ihre Krankheit reduziert werden („Ich habe/Er hat doch ADHS" oder „Hochbegabte sind eben so").

Auf jeden Fall sollten alle Maßnahmen, die direkt ergriffen werden können, stets koordiniert, kombiniert, strukturiert und regelmäßig ausgewertet werden, damit die Interessen unserer Kinder zu jeder Zeit gewahrt bleiben, auch wenn das nicht immer einfach umzusetzen ist – selbst für diejenigen unter uns nicht, die Zeit haben, extrem organisiert und engagiert sind!

Wenn wir gestresst sind, tendieren wir dazu, unsere Kinder immer nur auf ihre Fehler hinzuweisen, sprich, uns auf ihre Schwächen statt auf ihre Stärken zu konzentrieren. Wenn wir uns jedoch von unseren Sorgen und Ängsten überwältigen lassen („Wenn er jetzt schon so wenig isst, wie wird das dann erst, wenn er groß ist?", „Wenn sie nur in meinem Bett einschlafen kann, wird sie doch nie flügge!", „Mit seinen schlechten Noten wird er nie studieren können" etc.), sind wir ihnen keine große Hilfe.

In solchen Fällen ist es wichtig, **einen Schritt zurückzutreten, tief durchzuatmen** und die Situation in ihrer Gesamtheit zu betrachten, damit die Dinge wieder in die richtige Perspektive rücken und wir uns mit neuer Energie der Erziehung unserer Kinder widmen können.

Dabei können wir uns von einer kleinen Wunderwaffe helfen lassen: der Ermutigung.

„Kinder brauchen Ermutigung wie eine Pflanze das Wasser", schrieb Rudolf Dreikurs in Anlehnung an Alfred Adler.

Adler und Dreikurs wussten schon lange vor der neurowissenschaftlichen Forschung um die Tugenden einer liebevollen Eltern-Kind-Bindung, und das in einer Zeit, die für einen solchen erzieherischen Ansatz nicht gerade empfänglich war.

Wasser ist nicht nur lebensnotwendig für die Pflanze, es reichert darüber hinaus auch den Boden um die Pflanze an, damit sie alle Nährstoffe findet, die sie zum Gedeihen benötigt.

- Ermutigen heißt, sein Kind im Einklang mit seiner Lebensrealität zu bestärken.
- Ermutigen heißt, sein Kind in seiner Entwicklung zu begleiten und jeden seiner Fortschritte zu würdigen.
- Ermutigen heißt, **selbst den kleinsten Fortschritten seines Kindes Beachtung zu schenken, indem man sie erwähnt** („Toll, du stellst deine Schüssel jetzt selbst in die Spüle" oder „Danke, dass du mir spontan geholfen hast" oder „Ich bin beeindruckt, wie viel Mühe du dir beim Auswendiglernen des Gedichts gegeben hast").
- Ermutigen heißt, weder Komplimente zu machen noch zu beglückwünschen. Ermutigungen brauchen keinen besonderen Anlass: „Siehst du, geht doch. Du kannst ruhig stolz auf dich sein."
- Ermutigen heißt, **sein Kind dazu zu bringen, sich selbst zu motivieren,** damit es aus eigenem Antrieb handelt und nicht, um Erwachsenen zu gefallen, während Komplimente Kinder vom Urteil der Erwachsenen abhängig machen.
- Ermutigungen sind in jedem Alter und zu jedem Zeitpunkt zulässig und sorgen für gute Laune!

Die „Positive Disziplin" beschäftigt sich intensiv mit der Methode der Ermutigung und stellt sie in den Mittelpunkt der Eltern-Kind- und Lehrer-Schüler-Bindung.

5. FINDEN SIE HERAUS, WELCHE BEDÜRFNISSE HINTER DEM UNERWÜNSCHTEN VERHALTEN IHRES KINDES STECKEN

Einer der Leitgedanken der adlerianischen Methode (der von Alfred Adler) ist, dass Kinder (wie auch Erwachsene) von zwei grundsätzlichen Bedürfnissen angetrieben werden. Sie möchten:

- zu einer Gruppe gehören (Klasse, Familie, Mannschaft etc.);
- zu einer Gruppe beitragen (einen Nutzen haben, Beiträge leisten, teilhaben etc.).

Die Positive Disziplin, die auf der adlerianischen Methode aufbaut, geht davon aus, dass sich **Kinder, die durch unangemessenes Verhalten auffallen, entmutigt fühlen.** Gehören sie keiner Gruppe an oder können sie keinen Beitrag leisten, werden sie mit allen Mitteln versuchen, sich Zutritt zu einer Gruppe zu verschaffen, selbst wenn sie sich damit schaden.

Mithilfe von Jane Nelsens differenzierter und effektiver „Tabelle zur Bestimmung von Bedürfnissen" können wir als Eltern ausgehend von unseren Erfahrungen lernen zu bestimmen, welche Bedürfnisse und/oder Empfindungen das Fehlverhalten unseres Kindes ausgelöst haben.

Das beinhaltet, dass wir als Eltern komplett umdenken müssen. Statt unerwünschtes Verhalten zu unterbinden, gehen wir den jeweiligen Bedürfnissen auf den Grund, die sich hinter dem Verhalten verbergen: **Ist das Bedürfnis erst einmal gestillt, gibt es keinen Grund mehr für ein solches Verhalten und alles wird sich von selbst einrenken.**

Mit diesem „revolutionären Akt" können wir Bestrafungen aussetzen, die das Verhalten ohnehin nur kurzfristig ändern und auf lange Sicht keinerlei erzieherischen Mehrwert haben, und uns darauf konzentrieren, unsere Kinder bei der Ausbildung ihrer Kompetenzen zu unterstützen. (Mein Kind verhält sich unangemessen. Was verbirgt sich hinter diesem Verhalten? Was empfindet es? Welche seiner Kompetenzen lohnt es sich in diesem Fall zu stärken?).

Tatsächlich empfiehlt es sich, **sukzessive zur Ursachenforschung überzugehen** und gemeinsam mit dem Kind herauszufinden, was dabei helfen könnte, schwierige Phasen zu überwinden. Auch hier bietet sich die Positive Disziplin an, da sie uns lehrt, wie wichtig es ist, die Suche nach Lösungen in den Familienalltag zu integrieren (oder in die Schule, ins Büro etc.).

Trotzdem sollte man nichts überstürzen, schließlich wurde die Welt auch nicht an einem Tag erschaffen, und Tarzan hat seine Liane auch erst losgelassen, wenn er die nächste schon fest im Griff hatte!

6. STÄRKEN SIE DURCH SELBSTREGULATION IHRE EMOTIONALE INTELLIGENZ UND DIE IHRES KINDES

Selbstregulation ist eine gute Methode, um unsere persönliche Entwicklung und die unserer Kinder voranzutreiben.

Selbstregulation hilft uns dabei, uns „vollständig" zu fühlen, integriert, ausgeglichen, ruhig, im Einklang. Eine gute Selbstregulation wirkt sich nicht nur für den Moment positiv auf unsere Kinder und ihre Bindungen aus, die sie zu uns und zu anderen unterhalten, sondern bleibt ihnen für immer erhalten.

Wir haben ein Leben lang Zeit, Erkenntnisse über uns selbst zu gewinnen, doch den positiven Einfluss der Selbstregulation spüren wir bereits, wenn wir unsere ersten Schritte machen und unsere ersten Erfahrungen sammeln, und zwar tief in uns und im Umgang mit anderen. **Selbstregulation bedeutet, von einem passiven in einen aktiven Modus zu wechseln.**

Indem wir stärker auf uns achten, erfahren wir mehr über uns selbst und können besser auf andere eingehen, und wenn wir diese Fähigkeit an unsere Kinder weitergeben, stiften wir ein bisschen Frieden in der Welt, in unserer kleinen und in der großen, sowohl kurz- als auch langfristig.

Emotionale Intelligenz kann unser ganzes Leben bereichern. Wir müssen nicht damit leben, cholerisch zu sein, aufbrausend und hitzköpfig, sondern können lernen, unsere Gefühle zu steuern, besonders wenn sie uns zu überwältigen drohen.

Wir können lernen, unsere Gefühle zuzulassen, sie zu zähmen und zu definieren, können lernen zu verstehen, was sie uns mitteilen wollen, und sie durch uns durchfließen lassen, ohne in Unruhe oder aus der Fassung zu geraten.

Es gibt viele Wege zur Selbstregulation, doch muss jeder für sich entscheiden, welcher der richtige für ihn ist und ihn weiterbringt. Manche mögen von einer Modeerscheinung sprechen, andere ihre Wirksamkeit bezweifeln, doch wenn wir wirklich wissen, was wir wollen (uns regulieren, uns beruhigen, zu einer gewissen Innerlichkeit bzw. zu uns selbst finden, um besser auf unsere Kinder eingehen zu können, Stress abbauen etc.), ergibt alles einen Sinn und kann sich positiv auf unser Wohlbefinden und unsere Beziehungen auswirken.

Naturverbunden-heit

Sophrologie

Denksport

Achtsamkeit

Sportliche Aktivität

SELBSTREGULATION

Yoga und Mini-Yoga

Vittoz-Training

bedeutet:
- sich beruhigen
- sich sammeln
- Abstand nehmen
- die Kontrolle wiedergewinnen
- sich auf das Wesentliche konzentrieren
- Dinge zulassen
- das Tempo selbst bestimmen
- zur inneren Ruhe finden
- mit allen Sinnen agieren
- die Dinge sich von selbst regeln lassen

Kinder im Allgemeinen, und besonders hochsensible, benötigen eine verlässliche Stütze, die sich an der Gegenwart ausrichtet und flexibel an ihre Entwicklung anpasst.

Weder zu steif noch zu locker, passt sich Situationen und Veränderungen an; das Kind entwickelt sich gut.

Zu steif, das Kind knickt in seiner emotionalen Entwicklung ein.

Zu lax, das Kind entwickelt sich sehr unsicher.

Gar keine Stütze.

An dieser Stelle lohnt es sich, die Begriffe Strenge und Fürsorge zu definieren.

Strenge stützt, leitet an, gleicht aus, sichert das Kind und erlaubt Eltern, sich respektiert zu fühlen. Sie bedingt Fürsorge und Flexibilität.

Fürsorge fördert Bindungen und begünstigt ein glückliches, geborgenes Heranwachsen. Sie bedingt Strenge und Beständigkeit.

Wie im Yin und Yang beziehen sich diese Begriffe aufeinander und bereichern sich gegenseitig.

So wie wir nicht einatmen können, ohne auszuatmen, so wie wir nicht mit einem, sondern mit beiden Beinen im Leben stehen und so wie es keine Backbord- ohne eine Steuerbordseite gibt, ruht unsere erzieherische Haltung auf den Säulen der Strenge und der Fürsorge.

Es geht nicht darum, streng ODER fürsorglich zu sein, sondern immer darum, streng UND fürsorglich zu sein. Und das erwarten unsere Kinder auch von uns.

Eine solche Haltung verlangt uns zwar am meisten ab, verspricht dafür aber sowohl kurz- als auch langfristig den meisten Erfolg.

Wenn wir das Glück haben, einen Partner an unserer Seite zu haben, macht es Sinn, sich zu ergänzen statt gegeneinander zu arbeiten oder sich zu zerfleischen („Je nachgiebiger du bist, desto autoritärer muss ich sein" oder „Weil du so streng bist, muss ich immer die Wogen glätten").

Dazu müssen wir allerdings bereit sein, uns zurückzunehmen, miteinander zu reden und vielleicht sogar die ein oder andere Elternwerkstatt oder Familienberatung aufzusuchen, wenn wir wirklich neue Einsichten in das „System Familie" gewinnen möchten.

Ein solcher Schritt erfordert immer Mut, da es leichter ist, Problemen aus dem Weg zu gehen, statt sich ihnen zu stellen, obwohl es sich immer auszahlt: für die Kinder, die Eltern, die Partnerschaft und das Familienleben.

Als Alleinerziehende haben wir es natürlich schwerer, da uns die Unterstützung des anderen Elternteils fehlt. Trotzdem sollten wir uns nicht entmutigen lassen und nach Möglichkeit auf die Hilfe von anderen Erwachsenen zurückgreifen, die uns nahe stehen (Familie, Freunde, Erzieher etc.), um für den manchmal nötigen Abstand zu sorgen und unseren Kindern andere Begegnungen nach dem Strenge-Fürsorge-Prinzip zu ermöglichen.

Wer **„Mut zur Unvollkommenheit"** zeigt, so Rudolf Dreifuß, trägt zur Entfaltung der sozialen Kompetenzen seines Kindes bei, denn wenn wir empathisch sind, bringen wir unseren Kindern indirekt bei, anderen ebenfalls mit Empathie zu begegnen.

Indem wir uns nach einem Streit entschuldigen, zeigen wir ihnen, dass sie sich auch bei uns und bei anderen entschuldigen können.

Indem wir uns aufrichtig für sie interessieren, motivieren wir sie, sich für sich und andere zu interessieren und in ein Beziehungsgefüge zu treten, das ihnen bald so natürlich erscheinen wird wie Atmen.

Indem wir über unsere Gefühle sprechen und unseren Kindern mitteilen, wie es uns gerade geht (natürlich ohne sie zu bedrängen oder zu verunsichern, indem wir ihnen zum Beispiel von unseren Problemen erzählen, ohne darauf hinzuweisen, dass sie zu bewältigen sind), sorgen wir für eine gewisse Transparenz und Kongruenz in dem, was wir fühlen, machen und sagen.

Unsere Kinder, die Emotionen aufsaugen wie ein Schwamm, werden schnell lernen, sich stärker auf ihre Wahrnehmungen zu verlassen und nicht unbedingt auf das, was sie erzählt bekommen, und diese Haltung/Einstellung in Hinblick auf ihre Beziehungen übernehmen.

Unser Gehirn verfügt über Spiegelneuronen, die uns viel stärker miteinander verbinden, als wir bisher angenommen haben. Die Forschung dazu steckt zwar noch in den Kinderschuhen, doch zeichnet sich bereits heute eine Revolution in der Psychologie und den Geisteswissenschaften ab. Umso wichtiger ist es, auf die Qualität der Interaktionen innerhalb der Familie zu achten: **Unser Zuhause ist wie ein Minilabor, in dem unsere Kinder ihre Haltungen und Einstellungen austesten, die sie später in die Welt hinaustragen.**

Im Zuge dieser fortlaufenden Optimierungsmaßnahmen sollten wir aber auch einen Blick auf uns werfen und überlegen (gegebenenfalls mit professioneller Hilfe), was wir tun können, um uns selbst, gerade auch als Eltern, besser zu verstehen.

Weitere Hilfe verspricht das Handlungskonzept „Gewaltfreie Kommunikation" (GFK), das von Marshall B. Rosenberg entwickelt wurde.

Ausgehend von dem Prinzip, dass niemand in uns hineinsehen und mit Sicherheit erraten kann, was wir empfinden und wünschen, fordern uns Rosenberg und all jene, die sich seiner Lehre verschrieben haben, dazu auf, unsere Bedürfnisse zu ergründen und in Wünsche/Bitten zu übersetzen. Es liegt an uns, dies so effizient wie möglich zu tun.

Im Umgang mit unseren Kindern verspricht zudem folgende kleine Anleitung des „Du und Ich" wirkungsvolle Hilfe in einer auf Ermutigung aufbauenden Kommunikation:

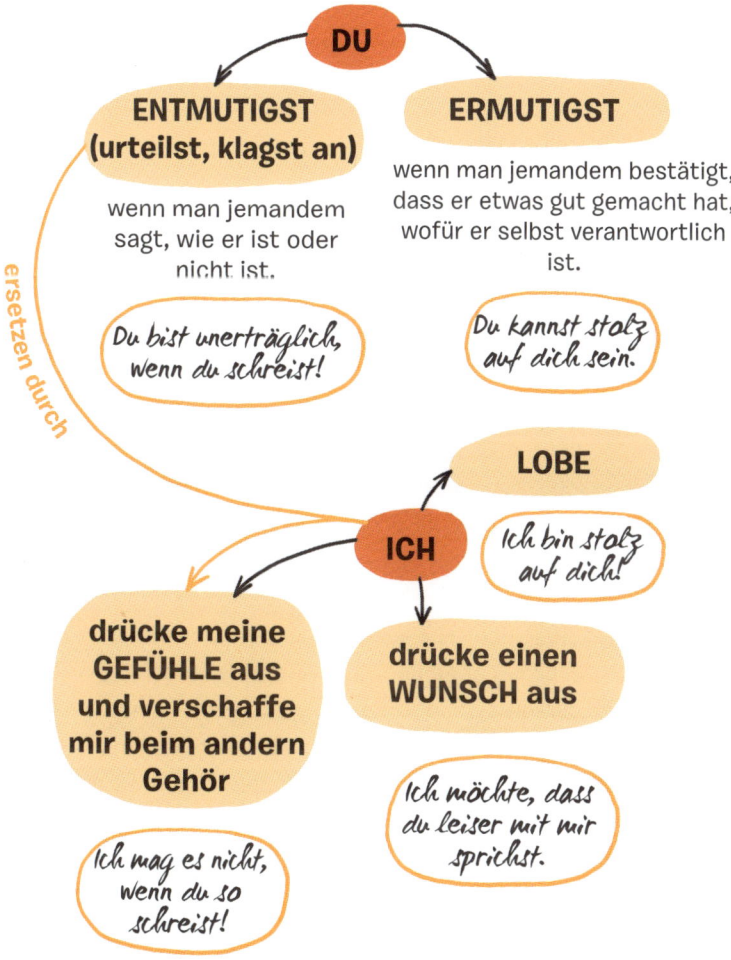

Das Spiel mit dem „Ich" macht vor allem dann Sinn, wenn wir es immer weiter optimieren und aus unseren Fehlern lernen, schließlich lässt sich jeder schlechten Erfahrung auch etwas Positives abgewinnen.

9. LASSEN SIE DIE VERBINDUNG ZU IHREM KIND NICHT ABREISSEN

Das Band, das uns mit unseren Kindern verbindet, darf niemals reißen.

Ist es angerissen, **müssen wir es reparieren.** Selbst wenn scheinbar alles gut ist, sollten wir immer darauf achten, dass es auch so bleibt.

Hängt es durch, müssen wir es **neu spannen.** Selbst wenn unsere Kinder scheinbar nichts ändern wollen, sollten wir uns nicht davon abhalten lassen, Neues auszuprobieren, uns ihnen wieder anzunähern und den einen oder anderen Faden neu aufzunehmen, um das Band noch stärker und robuster zu machen.

Ist es angespannt und straff, **müssen wir es lockern.** Das fällt besonders dann schwer, wenn wir uns in unseren Gewohnheiten eingerichtet haben, allerdings lohnt ein neuer Anlauf immer, und mit ein bisschen Kreativität und Laisser-faire kommt schnell alles wieder ins Lot.

Ist es so weit beschädigt, dass es zu reißen droht und die Beziehung zu unseren Kindern am sprichwörtlichen seidenen Faden hängt, benötigen wir Hilfe. Eine Mediation kann zu diesem Zeitpunkt sehr hilfreich sein. Die Zügel übergeben, Allianzen schmieden (mit den Paten, Freunden der Familie etc.), professionelle Hilfe aufsuchen – all das kann helfen, um aus einer verfahrenen Situation wieder herauszufinden.

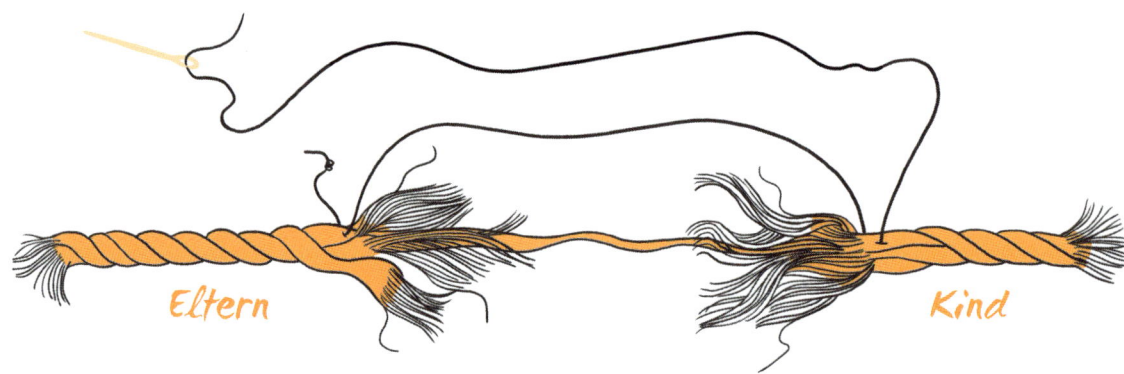

Eltern   Kind

10. ÜBERSTÜRZEN SIE NICHTS UND KONZENTRIEREN SIE SICH AUF DIE WICHTIGEN DINGE

Noch (!) haben wir nur ein Leben auf Erden.

Was fangen wir damit an, wie möchten wir es leben, auf was kommt es uns wirklich an? **Was wünschen wir uns, und was wünschen wir unseren Kindern?** Was wollen wir sie lehren, was ihnen weitergeben? Welche Werte, welche Kompetenzen im Leben?

Die Antwort muss jeder für sich finden. Sie hängt von den Vorstellungen und Überzeugungen ab, die wir ausgebildet haben.

Wenn wir glauben, das Leben sei hart und ungerecht, undankbar und gefährlich, Kinder seien Mühlsteine um unseren Hals und die Jugendzeit sei eine schreckliche Zeit, bekommen wir genau das zurück, was wir säen.

Wenn wir aber glauben, dass unsere Kinder Wesen im Werden sind, dass sie uns überantwortet wurden und es unsere Aufgabe ist, sie schrittweise zu autonomen, verantwortungsvollen, respektvollen, bescheidenen und umgänglichen Menschen zu erziehen, dann sind wir auf dem richtigen Weg, können in diese Richtung weitermachen, dann können unsere Überzeugungen Früchte tragen.

Kein Mensch hat je laufen gelernt, ohne hinzufallen, kein Jongleur je Jonglieren gelernt, ohne einen Ball fallen zu lassen, kein Seefahrer je Navigieren gelernt, ohne Zweifel ob der richtigen Route zu hegen, und kein Wanderer ist je gewandert, ohne sich zu verlaufen.

Unser Weg ist geprägt von Fehltritten, von Patzern, von Missverständnissen, von Verzweiflung und Enttäuschung; manchmal ist er sehr schmal, oft riskant und immer fordernd. Wir kennen Zweifel, Unsicherheit, ja, sogar völlige Mutlosigkeit. Wir hauen daneben, vertun uns, und manchmal versagen wir.

Wir erhalten aber auch kostbare Geschenke: Einige sammeln wir auf, andere lassen wir liegen, weil unser Rücken schon ganz krumm ist, unser Blickfeld eingeschränkt, unsere Kiefer zusammengepresst sind und sich Missmut breit gemacht hat.

Auf unserem Weg wachsen alle möglichen Blumen, die wir pflücken können.

Wir können „Gedankensträuße" binden und „Sorgensträuße", oder kunterbunte Sträuße, um unsere manchmal trüben Gedanken und Sorgen zu vertreiben, aber auch neue Sträuße kreieren, den „Strauß der tausend Möglichkeiten" vielleicht, oder den „Glücksstrauß", weil sich letzten Endes doch immer alles zum Guten wendet.

Hauptsache, sie haben die Formen und Farben, die Texturen und Wohlgerüche, die zu uns passen.

Kreativität ist das A und O der Erziehung. Sie schlummert in uns. Niemand kann uns dabei helfen, kreativ zu sein, und kein Buch, auch dieses nicht, vermag uns einen magischen Schlüssel an die Hand zu geben. Die perfekten Eltern gibt es nicht, und da zu keiner Zeit und in keinem Alter alles entschieden ist und alles noch verändert werden kann, sollten wir einfach unser Glück versuchen!

Mit dem Mut, neue Wege zu beschreiten und uns unsere Fehler einzugestehen,
mit der nötigen Demut und dem Wunsch nach einer starken Bindung,
mit Geduld und Ausdauer,
mit Strenge und Toleranz,
mit Vertrauen und Wachsamkeit,
mit Weitsicht und unter Berücksichtigung aller Alltagssorgen

können wir uns ein Herz fassen und es wagen, unsere Kinder zu erziehen.

Es liegt allein an uns ...

ZUR VERTIEFUNG

Akoun, Audrey und Isabelle Pailleau, *Besser lernen mit positiver Pädagogik: Der Ratgeber für Lehrer, Eltern und Schüler,* mvg 2014

Dennisson, Paul und Gail, *Brain-Gym – das Foto-Kartenset für Kinder (Lernen durch Bewegung),* VAK 2013

Dennisson, Paul und Gail, *Brain-Gym – das Handbuch (Lernen durch Bewegung),* VAK 2015

Dreikurs, Rudolf, *Kinder fordern uns heraus: Wie erziehen wir sie zeitgemäß?,* Klett-Cotta 2017

Faber, Adele und Elaine Mazlish, *Entspannte Eltern – entspannte Kinder: Verständnis und Verständigung als Schlüssel zum Glück,* Oberstebrink 2016

Faber, Adele und Elaine Mazlish, *So sag ich's meinem Kind: Wie Kinder Regeln fürs Leben lernen,* Oberstebrink 2009

Gardner, Howard, *Intelligenzen: Die Vielfalt des menschlichen Geistes,* Klett-Cotta 2008

Goleman, Daniel, *EQ – Emotionale Intelligenz,* dtv 1997

Nelsen, Jane, *Kinder brauchen Ordnung,* Goldmann 2000

Rosenberg, Marshall, *Gewaltfreie Kommunikation: Eine Sprache des Lebens,* Junfermann 2016

Siaud-Facchin, Jeanne, *Zu intelligent, um glücklich zu sein? Was es heißt, hochbegabt zu sein,* Goldmann 2017

Siegel, Daniel J. und Tina Payne Bryson, *Achtsame Kommunikation mit Kindern – Arbeitsbuch: Praktische Übungen, Arbeitsblätter und Aktivitäten, die Ihren Kindern eine harmonische Entfaltung ermöglichen,* Arbor 2016

Siegel, Daniel J. und Tina Payne Bryson, *Disziplin ohne Drama: Achtsame Kommunikation mit Kindern,* Arbor 2015

Bücher für Kinder:

D'Allancé, Mireille, *Robbi regt sich auf,* Moritz 2000

Witek Jo und Christine Rousset, *In meinem kleinen Herzen,* Fischer Sauerländer 2016